Andreas Schmid

Energiespar-Contracting

Andreas Schmid

Energiespar-Contracting

Grundlagen, Nutzen und Kalkulation

VDM Verlag Dr. Müller

Impressum/Imprint (nur für Deutschland/ only for Germany)
Bibliografische Information der Deutschen Nationalbibliothek: Die Deutsche Nationalbibliothek verzeichnet diese Publikation in der Deutschen Nationalbibliografie; detaillierte bibliografische Daten sind im Internet über http://dnb.d-nb.de abrufbar.

Coverbild: www.purestockx.com

Verlag: VDM Verlag Dr. Müller Aktiengesellschaft & Co. KG
Dudweiler Landstr. 99, 66123 Saarbrücken, Deutschland
Telefon +49 681 9100-698, Telefax +49 681 9100-988, Email: info@vdm-verlag.de

Herstellung in Deutschland:
Schaltungsdienst Lange o.H.G., Berlin
Books on Demand GmbH, Norderstedt
Reha GmbH, Saarbrücken
Amazon Distribution GmbH, Leipzig
ISBN: 978-3-639-08241-8

Imprint (only for USA, GB)
Bibliographic information published by the Deutsche Nationalbibliothek: The Deutsche Nationalbibliothek lists this publication in the Deutsche Nationalbibliografie; detailed bibliographic data are available in the Internet at http://dnb.d-nb.de.

Cover image: www.purestockx.com

Publisher:
VDM Verlag Dr. Müller Aktiengesellschaft & Co. KG
Dudweiler Landstr. 99, 66123 Saarbrücken, Germany
Phone +49 681 9100-698, Fax +49 681 9100-988, Email: info@vdm-verlag.de

Printed in the U.S.A.
Printed in the U.K. by (see last page)
ISBN: 978-3-639-08241-8

Vorwort

Die Grundlagen dieses Buches wurden 1999 im Rahmen meiner Diplomarbeit bei einem kommunalen Energieversorgungsunternehmen gelegt. Das Thema Contracting hat - anders als zu dieser Zeit vermutet - nie einen wirklichen Durchbruch erlangt. Nun stehen Themen, die ein Contracting attraktiv werden lassen, operativ wie politisch wieder auf der Tagesordnung:

- Die in kürzerer Vergangenheit stark angestiegenen und in der Konjunkturkrise (auf dem Weltmarkt, weniger beim Verbraucher) wieder gesunkenen Energiepreise vergegenwärtigen der Gesellschaft, dass der bewusste Umgang mit Energie und Ressourcen ökologisch und ökonomisch dauerhaft ein Thema bleiben wird.
- Die Finanznöte der öffentlichen Hand sind nur vorübergehend geringer geworden und werden aufgrund der aktuellen expansiven Geldpolitik in der Nachkrisenzeit wieder stark ansteigen. Für die energetische Sanierung von z. B. maroden Schulen oder Hochschulen drängen sich Contracting-Modelle geradezu auf, weil sie die öffentliche Hand entlasten können.
- Die Abhängigkeit der deutschen Volkswirtschaft von ausländischer Primärenergie zeigt sich an dem schwelenden Zulieferstreit zwischen Russland und den Durchleitungsländern sowie an der sog. „Ostsee-Pipeline“. Es gäbe unzählige Möglichkeiten, den Primärenergiebedarf und damit die Abhängigkeit Deutschlands zu verringern.
- Der Energieausweis für Gebäude ist zwischenzeitlich Pflicht geworden. Gerade diese Daten sind die Grundlage eines

Contracting-Projektes (siehe Abschnitt 4). D. h. auf dieser Basis könnten standardisierte Contracting-Angebote für die öffentliche Hand, aber auch für Privatpersonen entwickelt werden.

Die vorgenannten Argumente ließen sich sicher noch weiter ergänzen, worauf ich jedoch verzichten möchte. Wichtiger ist es an dieser Stelle, einen Bezug zu den nachfolgenden Inhalten herzustellen: Zunächst wird ein inhaltlicher Überblick über das Thema Contracting gegeben, um den Leser in die Hintergründe und Prinzipien einzuführen. Kern der Arbeit sind im Weiteren Überlegungen zur Berechnung bzw. Kalkulation von Contracting-Projekten, die für jeden, ob Contracting-Nehmer oder Contracting-Geber, ob Privatperson oder Energieunternehmen, von Interesse sind. Die entwickelten Kalkulationsgrundlagen können für die eigenen Anforderungen adaptiert werden. Hierdurch werden Maßnahmen operationalisierbar und die Vorteilhaftigkeit kann individuell analysiert und bewertet werden. Das Ganze fließt in die Nachbetrachtung einer Contracting-Ausschreibung ein. Mit dieser Analyse bin ich damals von meinem Praktikumsunternehmen beauftragt worden, da es die Ausschreibung verloren hatte und die Gründe hierfür eruiert wissen wollte.

Während die Berechnungsprinzipien, die von mir 1999 entwickelt wurden, immer noch Aktualität genießen, haben sich natürlich andere Inhalte überholt. So sind zwischenzeitlich z. B. zahlreiche Gesetze geändert worden. Ich habe die Arbeit dahingehend überarbeitet und aktualisiert, ohne dabei den historischen Pfad zu verlassen. Grund hierfür ist, dass m. E. der Leser, der sich zum jetzigen Zeitpunkt für das Contracting interessiert, die Entwicklungslinien kennen sollte, um sie in seine eigenen Überlegungen zu einem Contracting-Modell einfließen lassen zu können. Des Weiteren habe ich versucht, aktuelle

Entwicklungen zu thematisieren, damit der Leser in die Lage versetzt wird, die theoretischen Grundlagen in die Praxis umsetzen zu können. Insofern unterlag die vorliegende Arbeit einer grundsätzlichen Überarbeitung mit dem Ziel, das Contracting in Deutschland weiter zu stärken.

Inhaltsverzeichnis

Abbildungsverzeichnis

1. Einleitung

Die neunziger Jahre des letzten Jahrhunderts waren gekennzeichnet durch einen enormen ökonomisch-strukturellen Wandel. Volkswirtschaftliche Theorien, die bis dato empirisch belegbar gewesen sind, verloren ihre Gültigkeit. So sank die Arbeitslosigkeit in Zeiten guter Konjunktur nur noch geringfügig.

Die Globalisierung der Wirtschaft durch internationale Kooperationen, uneingeschränkte Kapitalströme und die Möglichkeit zur Substitution von Gütern und Dienstleistungen über nationale Grenzen hinweg resultierte in einem immensen Wettbewerbsdruck, der bis heute anhält.

Auf politischer Ebene wird die Internationalisierung vorangetrieben. Dabei entwickelt sich die Europäische Union immer stärker zur Legislative, die in den letzten Jahren, vornehmlich die Harmonisierung und Liberalisierung wettbewerbshemmender nationaler Gesetze vorangetrieben hat.

Die Konsequenzen für die Bundesbürger sind unübersehbar: Staatsbetriebe wurden privatisiert (z. B. die Deutsche Lufthansa) und gesetzlich bedingte Monopole aufgehoben (z. B im Bereich der Telekommunikation). Am 1. April 1999 erfolgte durch die Einführung des neuen Energiewirtschaftsgesetzes (EnWG) die Liberalisierung des Energiemarktes. Die marktbeherrschende Stellung der Energieversorgungsunternehmen (EVU) in ihren Versorgungsgebieten wurde aufgehoben, um Konkurrenz und Wettbewerb zu ermöglichen. Die kommunalen EVU, meist als Unternehmen der öffentlichen Wirtschaft betrieben, fanden sich in einem Spannungsverhältnis wieder: einerseits sind die kommunalen Anteilseigner (Städte, Gemeinden etc.) in einer finanziell desolaten Verfassung und somit auf den lukrativen

Geschäftsbetrieb der EVU angewiesen, andererseits geraten die Firmen selbst durch die neue Gesetzgebung unter wirtschaftlichen Druck.

Um den Herausforderungen begegnen zu können, sind neue Lösungsansätze gefragt. Diese müssen zum einen der kommunalen Finanzlage gerecht werden und idealerweise kommunale Investition unterstützen helfen. Zum anderen benötigen die kommunalen Energieversorgungsunternehmen neue Geschäftsfelder, um auf den liberalisierten Märkten dauerhaft bestehen zu können.

1.1. Der Contracting-Begriff

Der in den achtziger Jahren des vorigen Jahrhunderts in den USA geprägte Begriff des Contracting liefert als wörtliche Übersetzung lediglich „vertragliche Gestaltung". Contracting wurde zu dieser Zeit aus den Begriffen „Third Party Financing" und „Independend Power Products" abgeleitet (vgl. Niebisch 1999: 3). Grundgedanke war zu dieser Zeit vor allem, kostenintensive Maßnahmen zur rationellen Energienutzung nicht vom Energieverbraucher, sondern von einem Externen durchführen und finanzieren zu lassen (ebd.: 5).

Die historisch erwachsene Finanzierungsfunktion eines Projekts zur Energieeinsparung durch ein Contracting-Modell bleibt zwar zentraler Bestandteil, muss aber heutzutage von zusätzlichen Maßnahmen und Angeboten flankiert werden. Somit umfasst das Contracting inhaltlich weit mehr: Es handelt sich um ein Konzept zur effizienten Bereitstellung von Energie (vgl. Vereinigung Deutscher Elektrizitätswerke 1994a: 7). Die Ausnutzung sämtlicher wirtschaftlicher Potenziale, auf baulicher-, finanzierungs- und energietechnischer Ebene ist dabei elementar. Zusätzlich muss das Contracting sämtliche Dienstleistungen im Zusammenhang mit der Energieverwendung umfassen.

1.2. Ausgangssituation eines kommunalen Energieversorgungsunternehmens zum Ende des 20. Jahrhunderts

Diese Arbeit wurde im Rahmen eines finalen Praxissemesters, im Auftrag der Nordharzer Kraftwerke GmbH, Goslar, erstellt. Das Unternehmen wurde 1925 gegründet existiert in der heutigen Form jedoch nicht mehr. Im Rahmen einer Fusionswelle zu Beginn des neuen Jahrtausends kam es zu einer starken Abnahme eigenständiger kommunaler Energieversorgungsunternehmen. So auch im Fall der Nordharzer Kraftwerke GmbH, deren Nachfolgeunternehmen nun als Harz-Energie GmbH & Co. KG firmiert.

Die Situation der Nordharzer Kraftwerke war dabei typisch für eine große Anzahl vergleichbarer kommunaler Energieversorger in Deutschland. Das wesentliche Geschäftsfeld war die Versorgung eines regionalen Marktes mit Strom, Gas und Wasser. Weitere Umsätze wurden aus reinen Randtätigkeiten, hier aus der Unterhaltung von Straßenbeleuchtungen oder der Installation von Gerätschaften für kommunale Wohnungsbaugesellschaften, generiert. Das Unternehmen hatte etwa 150 Beschäftigte und einen Umsatz von 122 Mio. DM. An dem Unternehmen waren die Stadtwerke Goslar mit 60% und die Thüga AG, München, mit 40% beteiligt. Das sogenannte „Thüga"-Modell[1] trägt bis heute, obgleich es eigentlich auch das Dilemma auf dem deutschen Energiemarkt aufzeigt: Dem Eigentümer der Thüga AG, dem Energiekonzern EON, ist eine direkte Beteiligung an den kommunalen Versorgern untersagt, über den Umweg der Thüga kann er jedoch zumindest mittelbar Einfluss ausüben. Die Thüga AG steht inzwischen zum Verkauf, da sie nicht mehr in die Strategie von EON zu passen scheint.

---

[1] Thüga-Modell: Minderheitsbeteiligung als unternehmerische Mitverantwortung und als Funktion einer Fachberatungsgesellschaft (vgl. Thüga AG, Geschäftsbericht 1996: 8).

Die Liberalisierung des Energiemarktes führte bereits Mitte der 90er Jahre des vorigen Jahrhunderts zum Verlust erster wichtiger Kunden. Es Begann mit dem Verlust des größten regionalen Stromabnehmers, einem Tochterunternehmen des Bayer-Konzerns. Das Unternehmen bezog nach der vertraglichen Trennung von den Nordharzer Kraftwerken seine Elektrizität von der Energie Baden-Württemberg AG (EnBW).

Der Verlust des wichtigsten Kunden und ein sich weiter abzeichnender Wettbewerb ließen das Unternehmen erkennen, dass es einer neuen Strategie bedurfte. Neue Geschäftsfelder sollten erschlossen und alle Aktivitäten an den Kundenbedürfnissen ausgerichtet werden. Facility-Management[2], die Übernahme von Bereitschaftsdiensten und der Nebenkostenabrechnungen für Wohnungsbaugesellschaften sowie Contracting sollten Umsatzeinbußen kompensieren helfen.

1.3. Problemstellung

Im Rahmen der theoretischen Auseinandersetzung mit dem Thema Contracting in dieser Arbeit wurde ein Kalkulationsprogramm entwickelt, welches vornehmlich den Nordharzer Kraftwerken zur Kalkulation von Contracting-Projekten dienen sollte. Motivation hierfür war, dass sich das Unternehmen um die Ausführung einer Contracting-Maßnahme beworben hatte, im Ausschreibungswettbewerb jedoch unterlag. Das Kalkulationsprogramm diente in diesem Zusammenhang als Analyseinstrument zwischen den ermittelten Ist-Werten und den Soll-Werten einer Contracting-Investition. Das Kalkulationsprogramm wird in den nachfolgenden Abschnitten im Detail erläutert und kann somit als Schablone für eigene Analysen herangezogen werden.

[2] Die komplette Gebäudebewirtschaftung als Managementthema und damit weit mehr als die bloße Verwaltung von Wohnraum und Flächen (vgl. Braun et al. 199: 3). Diese Dienstleistung sollte z. B. Wohnungsbaugesellschaften angeboten werden.

Neben der konkreten Kalkulation von Contracting-Projekten musste vordringlich auch die Frage beantwortet werden, ob dieses neue Geschäftsfeld wirklich in der Lage ist, die Umsatzeinbrüche in anderen Geschäftsfeldern hinreichend kompensieren zu können.

Vertragliche Gestaltungsprobleme haben das Contracting von Anfang an begleitet. Dies ist in den nicht immer einfachen Eigentums- bzw. Besitzverhältnissen und steuerlichen Aspekten begründet, jedoch ist eine juristische Auseinandersetzung mit dem Thema nicht Gegenstand dieser Arbeit.

2. Strukturelle und rechtliche Aspekte der Energiewirtschaft

Im folgenden Abschnitt werden grundlegende Aspekte der Energiewirtschaft erörtert. Die Spezifika dieses Wirtschaftszweiges sind ausschlaggebend für die Erscheinungsformen des Contracting, zudem wird auf die rechtlichen Rahmenbedingungen eingegangen.

Alle nachfolgenden Ausführungen sind im Kontext eines Urteils des Bundverfassungsgerichtes zu betrachten, welches die Energieversorgung als ein „Gemeinschaftsinteresse höchsten Ranges" herausgestellt hat (vgl. Tettinger 1996: 695). Das Gericht hat somit der Versorgung mit Energie einen sehr hohen Stellenwert eingeräumt, woraus sich eine besondere Verpflichtung für die politischen Mandatsträger ergibt.

2.1. Definitionen zum Energierecht

In der obersten Rechtsnorm der Bundesrepublik Deutschland, dem Grundgesetz, erscheint der Begriff der Energiewirtschaft im Zusammenhang mit der konkurrierenden Gesetzgebung im Bereich der Wirtschaft (vgl. Artikel 74 Abs. 1 Nr. 11 GG). Eine exakte rechtliche

Definition lässt sich hieraus jedoch nicht ableiten. Als sachliche Begriffsbestimmung dieses Rechtsgebiets lassen sich sehr viele Erscheinungsformen von Energie identifizieren, so z. B. Gas, Kohle, Öl. Differenziert werden kann diese Energiedefinition wiederum in Primärenergiearten, als originäre in der Natur befindliche (z. B. Erdöl) und in Sekundärenergiearten, als derivative durch Umwandlung zu gewinnende Form (z. B. Benzin) (vgl. Stober 199: 413).

Die vom Verbraucher bezogene Energie wird als Endenergie bezeichnet (z. B. Strom aus der Steckdose) (vgl. Informationszentrale der Elektrizitätswirtschaft 1999: 62). Als Nutzenergien werden hingegen jene Erscheinungsformen bezeichnet, die bereits das gewünschte Ergebnis eines Umformungsprozesses darstellen (z. B. warmes Wasser).

Genauere Aussagen treffen Gesetze bei dem Begriff des Energieversorgungsunternehmens. Um eine solche Unternehmensform handelte es sich bis zu den Novellen des Gesetzes 2003 bzw. 2005 lt. § 2 Abs. 2 EnWG, wenn sie „...andere mit elektrischer Energie oder Gas versorgen...“. Von Bedeutung war in diesem Zusammenhang insbesondere, dass Eigentumsverhältnisse, und somit Rechts- und Beteiligungsform, keinen Einfluss auf die Definition als Energieversorgungsunternehmen hatten. Rechtliche Verpflichtungen erstreckten sich somit auf alle Unternehmensformen, unabhängig davon, ob es sich um ein umfangreiches Querverbundunternehmen (z. B mit angeschlossenem Bäderbetrieb und öffentlichen Personennahverkehr) (vgl. Gottschalk 1995: 13) oder ein reines Versorgungsunternehmen (z. B. Vertrieb von Gas und Strom) handelte. Im Zusammenhang mit den zusätzlichen Anforderungen an die Unternehmen durch neue gesetzliche Regelungen war diese Differenzierung von erheblicher Bedeutung. Heutzutage differenziert das EnWG in § 3 die Energieversorgungsunternehmen nach unterschiedlichen Aufgaben bzw. Betriebsarten. Dies ist dem Umstand geschuldet, dass die mit der Durchleitung von Energie verbundenen Rollen sich stark differenziert haben.

Es werden Tarif- und Sondervertragskunden unterschieden. Den Tarifkunden kommt ein vereinfachtes Preissystem zu gute, das in der Regel mit höheren Energiebezugskosten verbunden ist. Bei den Sondervertragskunden, deren Preissystem komplexer ist, handelt es sich um Kunden mit anderen Bezugsstrukturen und einem höheren Bedarf. Aus den rechtlichen Vorschriften ergibt sich nur die Verpflichtung zur Gestaltung von mindestens zwei Preissystemen (vgl. § 2 Bundestarifordnung Elektrizität [BTOElt]). Explizite Festlegungen hinsichtlich spezifischer Kundengruppen werden nicht gemacht.

2.2. Relevante Rechtsvorschriften

Ein allumfassendes Gesetzbuch mit sämtlichen, die Energiewirtschaft betreffenden Vorschriften existiert in Deutschland nicht. Vielmehr wird die rechtliche Basis im Wesentlichen durch das bereits angesprochene Energiewirtschaftsgesetz in Verbindung mit dem Gesetz gegen Wettbewerbsbeschränkung (Kartellgesetz) geschaffen. Zusätzlich befassen sich etliche weitere Vorschriften mit der Energiewirtschaft. Folgende Gesetze beeinflussen mittel- bzw. unmittelbar die Energiewirtschaft in einem relevanten Umfang:

- Das **Erdölbevorratungsgesetz** soll zur Versorgungssicherheit der sensiblen Importabhängigkeit von Mineralöl bei plötzlicher Verknappung beitragen. Hierzu werden u. a. Importeure dazu angehalten, Vorräte in bestimmter Menge des entsprechenden

Erzeugnisses vorzuhalten (Benzin, Diesel etc.) (vgl. Schimikowski 1993: 358).

- Im **Atomgesetz** sind Regelungen zur Gefahrenabwehr der mit der Kernenergie verbundenen Risiken enthalten. Insbesondere existieren spezielle Genehmigungsverfahren im Zusammenhang mit der Form der Energiegewinnung (vgl. Schimikowski 1993: 358-359).
- Auf Basis des **Stromeinspeisegesetzes** (inzwischen geändert in das Erneuerbare-Energien-Gesetz [EEG]) sollen durch entsprechende Vergütung für die Einspeisung von Strom in das öffentliche Stromnetz auf Basis erneuerbarer Energien (z. B. Wind, Wasser, Sonne) die ökologischen Ressourcen geschont werden (vgl. Stober 1996: 412).
- Um im Verteidigungsfall die Bewirtschaftung von Elektrizitäts- und Gasversorgung den dann vorherrschenden Bedürfnissen anpassen zu können, existiert das **Wirtschaftssicherungsgesetz** (Bundesgesetz für Sicherungsmaßnahmen auf einzelnen Gebieten der gewerblichen Wirtschaft) um z. B. Stromsperren durchsetzen zu können (vgl. Stober 1996: 412).
- Für die Errichtung und Änderung von Energieerzeugungsanlagen zeigt sich das **Gesetz über die Umweltverträglichkeitsprüfung** verantwortlich (vgl. Stober 1996: 412).
- Während das **Erdölbevorratungsgesetz** vorzuhaltenden Mengen vorschreibt und sich das Wirtschaftssicherungsgesetz auf den Krisenfall konzentriert, ermächtigt das Energiesicherungsgesetz (Gesetz zur Sicherung der Energieversorgung) die Bundesregierung mittels Rechtsverordnung zum Erlass von Vorschriften bezüglich Produktion, Einfuhr, Verwendungsbeschränkungen etc. (vgl. Stober 1996: 412).

- Der **Vertag zur Gründung der Europäischen Gemeinschaft** entfaltet seine Zuständigkeit für die Energiewirtschaft durch die in Artikel 100a festgelegte Kompetenznorm zur Schaffung des Binnenmarktes. Verschiedene Richtlinien bezüglich der Energiewirtschaft sind in diesem Zusammenhang erlassen worden (vgl. Tettinger 1996: 714).
- Das **Gesetz gegen Wettbewerbsbeschränkung** verhalf den Energieversorgungsunternehmen lange Zeit zu ihrer volkswirtschaftlichen Monopolstellung. Es wurde u. a. aus diesen Gründen mehrfach geändert, zuletzt in den Jahren 2005 und 2008.
- Das **Energiewirtschaftsgesetz** ist die wichtigste rechtliche Grundlage: „Zweck des Gesetzes ist eine möglichst sichere, preisgünstige, verbraucherfreundliche, effiziente und umweltverträgliche leitungsgebundene Versorgung der Allgemeinheit mit Elektrizität und Gas“ (vgl. § 1 Abs. 1).

Die elementarsten Veränderungen in der Energiewirtschaft ergaben sich aus dem Gesetz zur Neuregelung des Energiewirtschaftsgesetzes, welches am 1. April 1999 eingeführt wurde. Nachfolgend werden die wichtigsten Änderungen erläutert.

2.2.1. Gesetzliche Neuregelungen

Der Reformbedarf des Energierechts stand für viele politische Entscheidungsträger schon zu Beginn der neunziger Jahre fest (vgl. Beckmann 1992: 14). Die Gründe für diese Auffassung lagen unter anderem in den rechtsformalen Eigenschaften des Energiewirtschaftsgesetzes aus dem Jahr 1935. Darüber hinaus war es das Ziel, der Umweltschonung und des Ressourcenschutzes hinreichend Rechnung zu tragen. Außerdem ergaben sich internationale

Verpflichtungen durch die Europäische Union. Das diesbezügliche Arbeitsdokument „Der Binnenmarkt für Energie“ formulierte drei wesentliche Ziele:

- Herstellung von Transparenz im Binnenmarkt zur Feststellung von Mängeln in der Energieversorgung,
- freies Spiel der Kräfte im Binnenmarkt zur Beseitigung von Wettbewerbsmängeln,
- Beseitigung von Wettbewerbsverzerrungen (z. B. von Subventionen) (vgl. Jarass 1996: 17).

2.2.1.1. Gesetz gegen Wettbewerbsbeschränkung

Im § 103 des Kartellgesetzes war vor dem 1. April 1999 festgelegt, dass die §§ 1, 15 und 18 des Gesetzes nicht auf Energieversorgungsunternehmen anzuwenden sind. Die genannten Rechtsvorschriften gelten als Fundamente des Kartellrechts. So sind im §1 wettbewerbsbeschränkende Vereinbarungen zwischen Konkurrenten, die sog. horizontale Wettbewerbsbeschränkung, untersagt. Die vertikale Wettbewerbsbeschränkung war zu diesem Zeitpunkt in den §§ 15 und 18 geregelt. Das Verbot von unrechtmäßigen Preisbindungen zwischen Unternehmen unterschiedlicher Wirtschaftsstufen kam im § 15 (vertikale Preisbindung) zum Ausdruck; der § 18 (Vertriebsbedingungen) zielte in diesem Zusammenhang auf die Missbrauchsaufsicht der Kartellbehörden ab (vgl. Bechtold 1993: 25). Diese gesetzlichen Regelungen unterlagen (Stand: 2009) weiteren Veränderungen.

Das Kartellgesetz hatte auch Bezüge zu den Gebietsschutz- und Demarkationsverträgen, welche die Versorgungsunternehmen untereinander bzw. mit den Gebietskörperschaften geschlossen haben. Allein der Wortlaut der Vertragsarten lässt Zweifel an der Vereinbarkeit mit dem Grundgedanken des Kartellrechts aufkommen. So können neben den Gebietsabgrenzungen weitere wettbewerbsbeschränkende Vereinbarungen getroffen werden, insofern sie zur Rationalisierung der Energiewirtschaft beitragen (vgl. Bechtold 1993: 651). Die Motivation zur Bereichsausnahme von Versorgungsunternehmen ist in der rationellen Verwendung und Vertreibung von Energie zu suchen (ebd.: 650). Eine Konkurrenzsituation wäre bei leitungsgebundener Energie nur durch parallele Netzsysteme denkbar; dies kann jedoch sachlogisch nicht als effizient gelten.

Die Nivellierung des Energierechts auf Europäischer Ebene bezog nun auch das Kartellrecht mit ein. Vor 1999 wurde eine gemäßigte Öffnung des starren Monopolsystems insofern versucht, als dass § 103 a in das Gesetz eingefügt wurde. Dieser Paragraph beschränkte die Laufzeit der Demarkationsverträge auf 20 Jahre. Hierdurch sollte zumindest bei Vertragsverlängerungen eine Konkurrenzsituation geschaffen werden.

Die Änderungen im Jahre 1999 waren fundamental: Durch das Einfügen eines Paragraphen 103 b wurde festgeschrieben, dass die §§ 103 und 103 a nicht mehr auf die Versorgung mit Elektrizität und Gas anzuwenden sind. Das System der Demarkationsverträge und der hierdurch geschaffenen Gebietsmonopole wurde obsolet.

2.2.1.2. Neuregelungen im Energiewirtschaftsgesetz

Die neu formulierten Paragraphen 4-6 des Energiewirtschaftsgesetzes führten zu fundamentalen Veränderungen. Dritten wurde ab 1998 der Netzzugang ermöglicht. Dies hatte zur Folge, dass die kommunalen Netzeigentümer, in der Regel die regionalen Energieversorgungsunternehmen, ihre Anlagen anderen Unternehmen zur Durchleitung von Gas und Strom zur Verfügung stellen mussten. Das

Gesetz wurde mehrfach geändert; die oben dargestellten Weichenstellungen haben aber bis heute (2009) Bestand. Sie sind Gegenstand politischer Auseinandersetzungen, da an einer „echten“ Wettbewerbssituation weiterhin gezweifelt wird.

Der Anspruch an die Rechnungslegung und Bilanzierung der Energieversorgungsunternehmen wurde mit den Änderungen des § 9 erhöht. So wurden die Unternehmen dazu verpflichtet, einen Jahresabschluss nach den Vorschriften der Kapitalgesellschaften anzufertigen. Dies war, insbesondere vor dem Hintergrund der kommunalen Strukturen der Versorger, für viele Unternehmen ein nicht zu unterschätzender Paradigmenwechsel. Grundsätzlich reichte bis zu diesem Zeitpunkt ein an den kommunalen Vorschriften orientiertes kamerales Rechnungswesen aus. Darüber hinaus wurden die Unternehmen verpflichtet, spartenbezogene Bilanzen zu erstellen und GuV-Rechnungen durchzuführen, um Quersubventionierungen extern erkennen zu können. Diese Regelungen sind zwischenzeitlich geändert worden. Die heutigen Berichtspflichten, im § 10 dokumentiert, sind als noch sehr viel höher anzusehen, da die gewünschte Transparenz nicht erzielt werden konnte.

Veränderungen ergaben sich des Weiteren im Bereich der Anschluss- und Versorgungspflichten. Die Versorgungspflicht wurde dahingehend eingeschränkt, dass ihr bei wirtschaftlicher Unzumutbarkeit nicht mehr nachgekommen werden muss. Was als „wirtschaftlich unzumutbar“ zu bewerten ist, wurde bei Bedarf über Rechtsverordnungen festgestellt. Einschränkungen in den Versorgungspflichten existierten jedoch schon immer, z. B. bei säumigen Kunden oder bei Neuanschlüssen außerhalb einer bestehenden Infrastruktur.

2.2.2. Zusammenfassung und Konsequenzen

Die gesetzlichen Änderungen brachen mit einer langen Tradition in der Deutschen Energiewirtschaft. Nachfolgend sind die wesentlichen Unterschiede dargestellt:

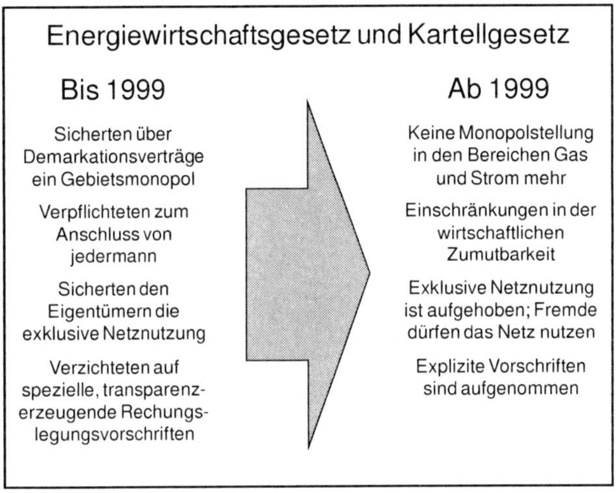

Abbildung 1: Änderungen im Energiewirtschafts- und Kartellgesetz

Die Konsequenzen aus den veränderten Rahmenbedingungen waren in Deutschland, aber auch in Europa, vielfältig. Der Wettbewerb um lukrative, stromintensiv produzierende Unternehmen war eine unmittelbare Auswirkung auf den Strommarkt. Die geänderten Rechnungslegungsvorschriften stellten vor allem die kleineren Unternehmen vor große Herausforderungen. Das sog. „Unbundling“[3], also die spartenbezogene Rechnungslegung gem. § 9 des Energiewirtschaftsgesetzes, führte zu einem nicht unerheblichen Verwaltungsmehraufwand. Erschwerend kam hinzu, dass es insbesondere zu Beginn an klaren Verfahrensvorschriften mangelte, die die Umsetzung des Unbundling erschwerten. Insbesondere die

---

[3] „...die Entbündelung einzelner Aktivitäten der Energiewirtschaft wie Erzeugung, Transport, Verteilung im Rechnungswesen der Unternehmen“ (Thüga AG 1998: 16).

Ermittlung der eigenen Netzkosten als Preisgrundlage für die Durchleitung externer Dritter war eine große Herausforderung, da die Kostenrechnungssysteme hierauf gar nicht ausgelegt waren.

Im schon länger liberalisierten kalifornischen Strommarkt führte die Aufhebung der Monopolstellung zu deutlich sinkenden Preisen und einer Fusionswelle (vgl. Stadler 1998: 187). Gleiches war nun für die deutschen Unternehmen zu erwarten, die sich lange Zeit auf ihrer Monopolstellung ausruhen konnten. Betrachtet man ein Energieversorgungsunternehmen als soziales System, so bleibt es wissenschaftlich betrachtet so lange überlebensfähig, wie es sich der Veränderungsgeschwindigkeit seiner relevanten Umwelt anpasst. Diese Umwelt hatte sich von 1945-1999 kaum verändert. Umso herausfordernder war es nun für viele Organisationen, sich den veränderten Rahmenbedingungen anzupassen. Flexibilität, Kundenorientierung, Innovationsfähigkeit waren völlig neue Schlagworte, mit denen die Unternehmen konfrontiert wurden.

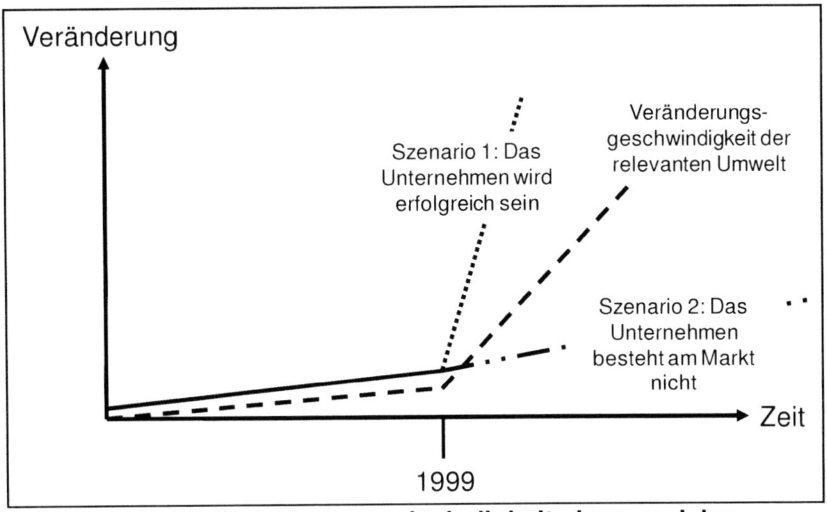

Abbildung 2: Veränderungsgeschwindigkeit eines sozialen Systems[4]

2.3. Kommunale Energieversorger und ihre Anteilseigner

Die Existenz autonomer regionaler Energieversorger ist in der historischen Entwicklung dieses Wirtschaftszweiges begründet. Öffentliche Anteilseigner (z. B. Städte, Gemeinden) waren bzw. sind in den unterschiedlichen Konstellationen an den Unternehmen beteiligt. Eine regionale Nähe bzw. Struktur bietet sich bereits auf Grund der Leitungsgebundenheit der Energie an; auch die typisch deutschen föderalen Strukturen führten zu einer Kommunalisierung des Wirtschaftszweiges.

Die Unternehmen agierten dabei einerseits als kommunale Monopolisten. Andererseits waren ihre Gewinne vielerorts Ende des letzten Jahrhunderts die einzigen Einnahmequellen, die sich positiv im kommunalen Haushalt niederschlugen. Darüber hinaus waren bzw. sind die Unternehmen, vor allem in ländlichen Gebieten, wichtige Arbeitgeber

[4] In Anlehnung an König et al. 1994: 227.

für die Bevölkerung und dadurch ein bedeutsamer Wirtschaftsfaktor. Die Bedingungen vor Ort in den Kommunen waren bzw. sind somit wichtige Einflussfaktoren auf die Unternehmen selbst. Diese Aspekte werden nachfolgend eingehender beleuchtet.

2.3.1. Rechtsformen

Eine bundeseinheitliche Statistik für alle Energieversorgungsunternehmen ist nicht existent. Dies ist vor allem darin begründet, dass Verbandsmitgliedschaften, wie z. B. im Bundesverband der Energie- und Wasserwirtschaft, keine Verpflichtung sind. Erschwerend kommt hinzu, dass Neu- und Umgründungen sowie Fusionen an der Tagesordnung sind. Während bis spät in die neunziger Jahre des letzten Jahrhunderts in Ostdeutschland meist verwaltungsstrukturelle Gründe (z. B. Eingemeindungen, Zusammenschlüsse zu Zweckverbänden) zu nennen sind, leistete in Gesamtdeutschland das neue Energiewirtschaftsgesetz den Unternehmensallianzen Vorschub. Nachfolgende Darstellung gibt einen Überblick über die Struktur der vorherrschenden Rechtsformen:

Klasse	Umsatzerlöse aus Versorgungstätigkeit in Mio. DM	Eigenbetriebe	AG	GmbH	Sonstige
1	bis 5,46	75		21	4
2	5,47-10,29	69		31	
3	10,30 bis 17,35	58		40	2
4	17,36-23,81	40	2	57	
5	23,82-32,04	38		60	2
6	32,05-45,12	42		58	
7	45,13-66,02	39	4	57	
8	66,03-97,85	29	2	69	
9	97,86-184,55	28	10	62	
10	>184,55	17	47	34	2

Abbildung 3: Struktur der Rechtsformen[5]

Aus der Abbildung wird deutlich, dass die Anzahl an Eigenbetrieben mit steigenden Umsatzerlösen abnimmt; umgekehrt verhält es sich mit der Anzahl der privatrechtlichen Rechtsformen. Einen überproportionalen Anstieg verzeichnet die Rechtform der Aktiengesellschaft in den hohen Umsatzklassen.

Bei den privatrechtlich organisierten Unternehmen im Versorgungsbereich handelt es sich in der Regel um sog. öffentliche Unternehmen[6]. Die Tendenz zur Wahl einer privaten Rechtsform im öffentlichen Sektor wird gemeinhin mit dem Argument einer höheren unternehmerischen Flexibilität begründet. Die gesetzlichen Vorgaben und Anforderungen erscheinen auf den ersten Blick bei einem öffentlich-rechtlichen Eigenbetrieb tatsächlich anspruchsvoller[7]. Die Einflussnahme der Politik auf eine in der öffentlichen Hand befindlichen Unternehmung

[5] In Anlehnung an: Verband kommunaler Unternehmen 1997: 3.

[6] Unter einem öffentlichen Unternehmen werden Betriebe verstanden, die ganz oder teilweise im Eigentum der öffentlichen Hand liegen (vgl. Brede 2005: 1-4)

[7] In § 18 des Haushaltsgrundsätzegesetzes werden z. B. Vorschriften bezüglich eine ergänzenden Wirtschaftplanes gemacht.

in privatrechtlicher Rechtsform sind jedoch beschränkter. Der Vorstand einer Aktiengesellschaft ist z. B nur „... verpflichtet, die von der Hauptversammlung im Rahmen der Zuständigkeiten beschlossenen Maßnahmen auszuführen (§ 83 Abs. 2 Aktiengesetz). Die Rechte der Hauptversammlung sind jedoch eingeschränkt (vgl. § 119 Aktiengesetz). Zudem ist „... die AG auch als kommunale Eigengesellschaft, bei der sämtliche Anteile in der Hand der Kommune liegen, als verselbständigtes Rechtssubjekt eine nicht zu unterschätzende Wegstrecke vom kommunalen Zentrum „Rat“ entfernt ...“ (Cronauge 1995: 109). Die Steuerung einer GmbH durch die Politik gestaltet sich im direkten Vergleich mit der Rechtsform der AG zwar leichter, hierbei handelt es sich aber auch um eine juristische Person des Privatrechts. Durch die besonderen gesetzlichen Vorschriften sind Einflussnahmen auf etwaige Geschäftsaktivitäten im Vergleich zum Eigenbetrieb schwieriger. Die GmbH wird insgesamt als die geeignete privatrechtliche Form eines öffentlichen Unternehmens angesehen (vgl. Machura 1992: 156).

Zu beachten ist, wie bereits im Kontext der lokalen Besonderheiten weiter oben dargestellt, dass es „die“ ideale Rechtformwahl nicht geben kann. Die kommunalen Besonderheiten und politischen Willensbildungen spielen hierfür eine wichtige Rolle. Vor dem Hintergrund der erkennbaren Fusionsprozesse im Energiemarkt (vgl. Roth et al. 1998: 162-163) gilt es daher eher, die kommunalen Unternehmen - in welcher Rechtsform auch immer - fit für die Zukunft zu machen. Privatwirtschaftliche Rechtsformen eignen sich dabei natürlich grundsätzlich eher für externe Minderheitsbeteiligungen, als die Rechtsform eines Eigenbetriebes.

2.3.2. Situation der Kommunen

Viele Städte und Gemeinden waren bereits zu Beginn der 90er Jahre des letzten Jahrhunderts nicht mehr in der Lage, ihrem kommunalen Selbstverwaltungsrecht (vgl. Artikel 28 Abs. 2 Grundgesetz) in ausreichendem Maße nachzukommen. Zins- und Tilgungszahlungen, Personalkosten und Sozialleistungen führten zu einem jährlichen Fixbetrag, der aus dem Verwaltungshaushalt der Kommune nicht mehr zu bestreiten war. Eine Überschuldung der Städte war die Konsequenz, die u. a. eine Verwaltungsreformwelle auf kommunaler Verwaltungsebene auslöste, die sich zu Beginn der 90er Jahre „...wie ein Buschfeuer..." in Wissenschaft und Praxis ausbreitete (vgl. Bogumil/Naschold 2000: 146). Verstärkt wurde dieser Trend durch sozio-demographische Veränderungen: so hat sich die Anzahl der Sozialhilfeempfänger kontinuierlich gesteigert (vgl. Statistisches Bundesamt 1999).

Laut der Gemeindeordnungen ist die Aufnahme von Krediten nur zur Finanzierung von Investitionen zulässig. Die hohen Verbindlichkeiten der Städte und Gemeinden lassen vielerorts kaum noch Spielräume für Investitionen bzw. die Aufnahme von Krediten zu. Die kommunale Infrastruktur leidet hierunter, mit negativen Auswirkungen auf den Verwaltungshaushalt, da fehlende Ersatzinvestitionen zu erhöhten Betriebs- bzw. Unterhaltungskosten führen.

Genau an dieser Stelle setzt das Contracting an, da sinnvolle Ersatzinvestitionen, die zu Einsparungen im Verwaltungshaushalt führen könnten, durch Dritte geleistet werden würden. Es sind jedoch nicht nur die finanziellen Zwänge, die die Kommunen bzw. den gesamten öffentlichen Sektor als prädestiniert für Contracting-Modelle erscheinen lassen. Es ist auch das von ihm zu leistende Spektrum an Aufgaben.

Krankhäuser, Bäderbetriebe, Schulen, Pflegeheime etc. sind energieintensiv und bieten daher ein besonders hohes Erfolgspotenzial für das Contracting (vgl. Meixner 1999: 14).

3. Grundlagen des Contracting

In den nachfolgenden Abschnitten werden die Grundlagen des Contracting dargestellt, um hierauf aufbauend ein Kalkulationsmodell entwickeln und begründen zu können.

3.1. Contracting-Partner

Als Contracting-Geber (sogenannter „Contractor“) wird das Unternehmen bezeichnet, welches die wirtschaftlichen Potenziale der rationellen Energieverwendung ausschöpfen möchte und die zugehörigen Leistungen zur Verfügung stellt (vgl. Vereinigung Deutscher Elektrizitätswerke 1994a: 7). Typischerweise treten folgende Anbieter als Contractor auf:

- Energieversorger
- Anbieter von Energietechnik
- Unabhängige Dienstleister (z. B. öffentliche geförderte Energieagenturen)
- Planungsgesellschaften (z. B. Ingenieurbüros)

Die Literatur beschränkt sich oftmals auf die Klassifizierung aller auftretender Anbieter als Energiedienstleistungsunternehmen (vgl. Leutgöb et al. 1998: 1). Nachfolgend wird als Contractor das Energieversorgungsunternehmen angesehen. Die Motivation der auftretenden Anbieter ist natürlich unterschiedlich. Während ein Anbieter von Energietechnik vorwiegend seine Anlagen vertreiben möchte, haben unabhängige Dienstleister vor allem den ökonomischen Erfolg der Einsparmaßnahmen im Blick[8].

Dem Conractor stehen die Contracting-Nehmer gegenüber. Wie bereits weiter oben erwähnt, sind öffentliche Kunden für das Contracting prädestiniert. Es existieren jedoch weitere potenzielle Kundengruppen:

- Private Haushalte
- Gewerbekunden
- Industriebetriebe

Die skizzierten Kundengruppen verdeutlichen bereits die unterschiedlichen Bedarfe. Während Privathaushalten die Einsparpotenziale und Möglichkeiten des Contracting oftmals gar nicht bewusst sind, werden energieintensive Industriebetriebe immer nach Optimierungspotenzialen suchen. Hiermit gehen auch unterschiedliche Voraussetzungen für die Vertragsparteien einher: Während Unternehmen aus bilanztechnischen Erwägungen ein Interesse am Contracting haben könnten, z. B. zur Beeinflussung des Anlagevermögens, ist einem Privathaushalt schwerer zu vermitteln, warum neue Brennwerttechnik im eigenen Haus ggf. nicht sein Eigentum ist. Hieraus folgt, dass die Contracting-Angebote kundengruppenspezifisch ausgeprägt werden müssen.

3.2. Abgrenzung von Contracting zu Leasing und Interacting

Auf der Suche nach neuen Finanzierungsmodellen sind die Unternehmen und der öffentliche Sektor in den letzten Jahren fündig

[8] Das Auftreten eines Energieversorgungsunternehmens als Contractor wird durchaus kritisch gesehen, da dem Unternehmen u. a. das „... Rechnen gegen eigene Deckungsbeiträge ..." unterstellt wird (Meixner 1999: 24). Andere Veröffentlichungen präferieren hingegen das Energieversorgungsunternehmen als Contractor, da es die langfristige Versorgung mit der notwendigen Primärenergie sicherstellen kann (vgl. Arbeitsgemeinschaft für sparsamen und umweltfreundlichen Energieverbrauch 1996: 2).

geworden. Über „Sale and lease back“[9] lässt sich beispielsweise die Eigenkapitalquote eines Unternehmens verbessern. Städte und Gemeinden können hierdurch die Ausgaben im Verwaltungshaushalt verringern[10].

Die Finanzierung einer Investition ist sowohl für das Contracting als auch das Leasing charakteristisch (vgl. Meixner 1999: 4). Der wesentliche Unterschied zwischen beiden Methoden liegt im Wesentlichen in den zusätzlichen Dienstleistungen, die mit dem Contracting verbunden sind. Contracting beschränkt sich nicht auf die reine Kapitalbeschaffung wie das Leasing. Es geht u. a. auch um die Analyse, Beratung, Ermittlung etc. von Einsparpotenzialen und das Nachhalten einer erfolgreichen Realisierung des Projekts. Weiterhin zeichnet sich das Contracting durch die Verbesserung der Energienutzung aus. Neben einer ökonomischen Triebfeder spielen folglich Umweltschutzaspekte eine wichtige Rolle, die den gesetzlichen Forderungen Rechnung tragen[11]. Eine weitere Besonderheit des Contracting besteht im Einbezug der Gebäudenutzer, die nicht immer gleichbedeutend mit dem Gebäudeeigentümer sind. Die Abnahme und Verwendung von Energie wird vom Nutzer und nicht vom Eigentümer bestimmt (z. B. in Schulen, in vermieteten Gebäuden). Die Nutzer kennen die Anforderungen und Probleme der Energieversorgung in der Regel besser als die Eigentümer (z. B. Wandschimmel, undichte Fenster).

Leasing-Angebote können im Gegensatz zu Contracting-Angeboten standardisiert werden. Rahmenbedingungen wie Zinssatz, Laufzeit etc.

---

[9] Über den Verkauf von Anlagen, Gebäuden etc. und anschließendes zurückleasen der veräußerten Gegenstände (vgl. Dröge 1996: 3).

[10] Voraussetzung hierfür ist, dass die Leasing-Rate geringer als der Zins- und Tilgungsaufwand für die veräußerten Anlagen ist.

[11] Das Energiewirtschaftsgesetz formuliert z. B. in § 1 Abs. 1 die Forderung nach einer „... effizienten und umweltverträglichen leitungsgebundenen Versorgung der Allgemeinheit mit Elektrizität und Gas ...“.

können z. B. für einen bestimmten Zeitraum als Angebot festgeschrieben werden. Ein Vergleich unterschiedlicher Leasing-Geber ist daher gegeben. Das Contracting ist hingegen einzelfallbezogen und muss sich an den spezifischen Objekteigenschaften ausrichten.

Grundsätzlich verbindet das Leasing und das Contracting, dass die monetären Auswirkungen ex-ante bestimmbar sind, unvorhergesehene Ereignisse außer Acht gelassen. Beide Begriffe werden im Sprachgebrauch oftmals synonym verwendet. Die vorgenannten Ausführungen verdeutlichen, dass die beiden Begriffe jedoch inhaltlich mehr trennt, als das sie verbindet.

Kann bei Contracting-Modellen auf einen außen stehenden Partner verzichtet werden, so spricht man von Interacting (vgl. Hessische Energieagentur 1999: 10). Über kommunale Einrichtungen oder formalrechtliche (unechte) Privatisierung[12] werden die Projekte in diesen Fällen realisiert. Das Interacting ist somit inhaltsidentisch mit dem Contracting. Der Unterschied besteht lediglich in der Person des Contractors.

3.3. Arten des Contracting

Die im Folgenden beschriebenen unterschiedlichen Arten des Contracting haben keinen Anspruch auf Vollständigkeit. Mit dem Aufkommen des Contracting wurden unterschiedlichste Gestaltungsformen und Verträge entwickelt, die eine Kategorisierung erschweren. Die sechs nachfolgend erläuterten Erscheinungsformen

[12] Schwächste Form der Privatisierung mit dem Ziel, unabhängig von personalrechtlichen Vorgaben des öffentlichen Dienstes agieren zu können. Entscheidend ist der Anreiz, sich über den Markt und nicht (nur) aus Steuermitteln finanzieren zu können (vgl. Schmidt-Rose 1997: 162).

gehen auf eine Clusterung der Vereinigung Deutscher Elektrizitätswerke zurück (vgl. Vereinigung Deutscher Elektrizitätswerke 1994a: 10).

Das **Engineering-Contracting** zeichnet sich durch die Analyse des kundenspezifischen Energiebedarfs aus. Primäre (technisch bedingte) und sekundäre (Synergie bedingte) Einsparpotenziale werden identifiziert und analysiert. Im Weiteren werden konkrete Umsetzungsvorschläge erarbeitet wodurch das Projekt abgeschlossen ist. Es handelt sich also primär um planerische Dienstleistungen. Diese Form des Contracting wird vorwiegend durch Energieagenturen und Architekturbüros angeboten.

An das Engineering kann sich das **Bau-Contracting** anschließen. Dabei werden vom Contractor die vorgeschlagenen Energieeinsparmaßnahmen umgesetzt. D. h., die notwendigen Um- bzw. Ausbaumaßnahmen werden durchgeführt. Ausschließliches Bau-Contracting ist grundsätzlich möglich, gleichwohl bietet sich aufgrund vermeidbarer Schnittstellen eine Verbindung von Engineering und Bau an.

Die Komplexität von Energieversorgungsanlagen, insbesondere auf industrieller Ebene, erfordert spezielle Lösungen. Das **Betriebsführungs-Contracting** umfasst auch den Betrieb durch das Personal des Contractors selbst. Die spezialisierten Mitarbeiter des Contractors übernehmen Führung und Betrieb der Versorgungseinrichtungen, was zu weiteren Effizienzgewinnen führen kann. Des Weiteren können technische Weiterentwicklungen direkt realisiert werden.

Beim **Darlehens-Contracting** stellt ein Contractor dem Contracting-Nehmer Finanzierungsmittel zur Verfügung. Das Auftreten als

Kapitalgeber fällt einem Energieversorgungsunternehmen leichter als sonstigen Akteuren am Kapitalmarkt. Grund hierfür ist ihr spezielles Know-how zur Bewertung der zu finanzierenden Maßnahme. Darüber hinaus sind im Energiebereich, insbesondere im Netzbetrieb, lange Amortisationszeiten üblich, die nicht von allen in Frage kommenden Kapitalgebern akzeptiert werden würden. Des Weiteren verfügen die Energieversorgungsunternehmen nur über eingeschränkte Investitionsalternativen (vgl. Bertelmann et al. 1993: 14).

Nimmt das Investitionsvorhaben erhebliche[13] Ausmaße an, so bietet sich ein **Beteiligungs-Contracting** an. Die Gründung z. B. eines Gemeinschafts-unternehmens durch die Contracting-Partner ist insbesondere dann von Vorteil, wenn Dritte an der Maßnahme partizipieren können. Darüber hinaus können Investitionskosten und das wirtschaftliche Risiko auf ein eigenes Unternehmen übertragen werden.

Möchte der Contracting-Nehmer eine Eigenbeteiligung gänzlich ausschließen, bietet sich als Lösung eine **Anlage des Energieversorgungsunternehmens** an. Die Anlage wird vollständig vom Contractor errichtet und betrieben. Ein Hauseigentümer würde bei dieser Variante z. B. nur die Energie abnehmen - die Heizungsanlage befände sich im Eigentum des Energieversorgungsunternehmens.

In der Literatur finden sich weitere Modelle, die von den dargestellten jedoch nur geringfügig abweichen (z. B. Voigt 1990). Nachfolgend sind die wichtigsten Unterschiede der Contracting-Arten zusammenfassend dargestellt:

---

[13] Gemeint ist hier im Verhältnis zu den wirtschaftlichen Möglichkeiten der Contracting-Partner.

Art der Dienstleistung / Contractingform	Planung/ Projektierung	Bau/ Inbetriebnahme	Betrieb/ Wartung	Finanzierung	Eigentum
Engineering	X	-	-	-	Contracting-Nehmer
Bau	u. U.	X	-	-	Contracting-Nehmer
Betriebsführung	u. U.	u. U.	X	-	Contracting-Nehmer
Darlehen	-	-	-	X	Contracting-Nehmer
Beteiligung	-	-	u. U.	Gemein-schaftlich	Gemein-schaftlich
EVU-Anlage	EVU	EVU	EVU	EVU	EVU

Abbildung 4: Unterscheidung der Contracting-Arten[14]

Zwei weitere Contracting-Arten vereinen die oben dargestellten eher normativ getrennten Ansätze und inkludieren wesentliche ihrer Merkmale. Das **Energiespar-Contracting** (auch Performance-Contracting genannt) und das **Energie-Lieferungs-Contracting** konzentrieren sich, wie bereits aus den Bezeichnungen erkennbar, auf das Ziel einer konkreten Energieeinsparung.

Der Contractor führt bei einem Energiespar-Contracting Projekt die Investition auf eigene Rechnung aus. Er plant, errichtet und finanziert die Maßnahme vollständig selbst. Die Amortisation erfolgt für den Contractor über die eingesparten Energiekosten. Reichen diese Rückflüsse nicht aus, muss durch den Contracting-Nehmer eine entsprechende Kompensation erfolgen. Erst nach Ende der Contracting-Vertragslaufzeit geht das Eigentum an der (neuen) Anlage in das Eigentum des Contracting-Nehmers über.

Das Energie-Lieferungs-Contracting hat seinen Schwerpunkt in der Bereitstellung der entsprechenden Nutzenergie. Der Contracting-Nehmer schließt mit dem Contractor einen Vertrag über die bereitzustellende

[14] In Anlehnung an: Vereinigung Deutscher Elektrizitätswerke 1994a: 11.

Menge ab und überlässt alles weitere seinem Vertragspartner. Es handelt sich quasi um ein vollständiges Outsourcing des Energieversorgungsbereichs des Contracting-Nehmers. Es bleibt dem Contractor überlassen, welche Primärenergien er einsetzt oder welche Investitionen er konkret tätigt. Durch einen Aufpreis auf den marktüblichen Energiebezugspreis erfolgt die Amortisation.

Aus Sicht eines kommunalen Energieversorgungsunternehmens sind beide Ansätze aus folgenden Gründen unternehmerisch von Interesse:

- Die Potenziale des eigenen Unternehmens können voll ausgeschöpft werden (z. B. personelle und sächliche Ressourcen).
- Es können Grundkonzepte und Verfahrensabläufe entwickelt werden, die die Administration der Projekte standardisieren.
- Die langen Amortisationszeiten können bei dem einzugehenden geringen Risiko gut in Kauf genommen werden.

In der Praxis kommt es oftmals zu unterschiedlichen Detailausprägungen: Die Ausschreibungsunterlagen der Stadt Goslar zur gescheiterten Bewerbung der Nordharzer Kraftwerke weisen ein sog. Nutzungs-Contracting aus (vgl. Stadt Goslar 1997a: 2). Hierbei handelt es sich um das oben beschriebene Performance-Contracting jedoch mit der Besonderheit, dass die Anlage am Ende der Vertragslaufzeit erst gegen Zahlung eines vorab festgelegten Betrages in das Eigentum des Contracting-Nehmers übergeht und der Energiebezug selbst ausgeschlossen ist. Der Contractor kalkuliert seine Kosten und stellt dem Contracting-Nehmer die Anlagen zur Verfügung. Ob und in welchem Umfang Einsparpotenziale tatsächlich realisiert werden, kann der Contractor nicht beurteilen und ist für ihn auch zweitrangig. Von Vorteil kann dieses Prinzip dann sein, wenn die Contracting-Immobilie als organisatorische Einheit budgetiert wird. Die öffentliche Hand (hier die Stadt Goslar) partizipiert so von jeder noch so kleinen Energieeinsparung.

3.4. Funktionsweise des Contracting

In den vorangegangenen Abschnitten sind bereits grundlegende Ausführungen zur der Funktionsweise des Contracting gemacht worden. Die oben erläuterte Vielzahl von Contracting-Arten verbindet die nachfolgend dargestellte Funktionsweise:

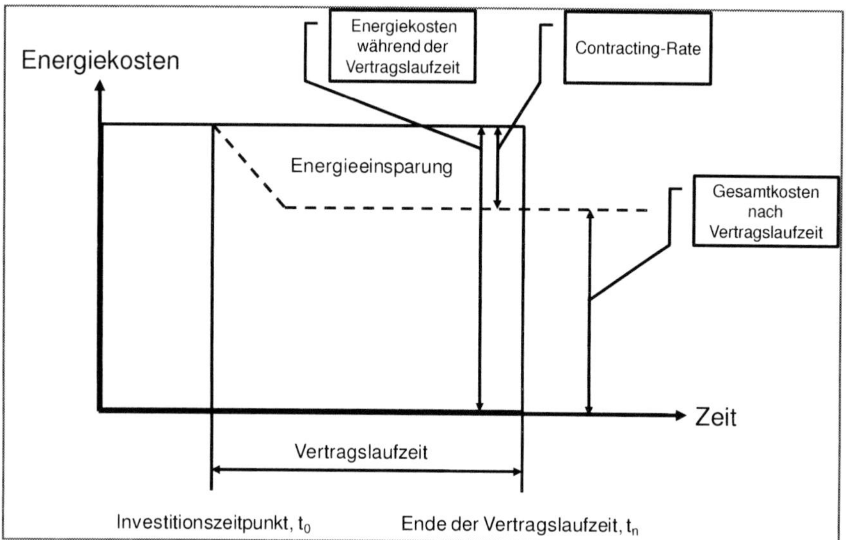

Abbildung 5: Funktionsweise des Contracting[15]

Für die Funktionsweise des Contracting sind verschiedene Aspekte kennzeichnend:

- Grundsätzlich ist das Contracting mit dem Einsatz finanzieller Mittel verbunden.[16]

---

[15] In Anlehnung an: Niedersächsische Energieagentur 1997.

[16] Konsequentes Energiemanagement ohne Neuinvestitionen kann auch Sparpotenziale eröffnen (vgl. Leutgöb et al. 1998: 9).

- Der Contractor verändert ggf. die Verfahren zur Sekundärenergiegewinnung.
- Es kommt zu einer rationelleren Verwendung von Energie durch einen geringer werdenden Bedarf an Primärenergie.
- Positive ökologische Effekte gehen mit positiven ökonomischen Effekten einher.

Kern der Funktionsweise ist, dass beide Vertragsparteien an den Energieeinsparungen partizipieren. Diese fallen umso größer aus, umso maroder die bisherigen Anlagen bzw. der bisherige Gebäudebestand ist. Aus diesem Grund bieten sich entsprechende Maßnahmen für die überschuldeten Städte und Gemeinden an. Das Investitionsvolumen wird in der Regel vom Contractor getragen, der die Contractingrate direkt einbehalten kann. Somit ändert sich während der Vertragslaufzeit für den Contracting-Nehmer zunächst nichts. Nach der Vertragslaufzeit fällt die Contracting-Rate dem Gebäudeeigentümer zu. Die vereinbarten Laufzeiten reichen in der Regel von 5 bis 25 Jahren und werden von den erzielbaren Einsparpotenzialen und dem Investitionsbedarf maßgeblich bestimmt. Nicht zu vernachlässigen ist hierbei auch das individuelle Nutzerverhalten. Die betroffenen Personengruppen (Nutzer der Einrichtungen) beeinflussen die Höhe des Energiebedarfs maßgeblich.

3.5. Idealtypischer Ablaufplan

Nachfolgend ist ein idealtypischer Ablaufplan zur Entwicklung eines Contracting-Projekts dargestellt. Idealtypisch bedeutet in diesem Zusammenhang insbesondere, dass es viele Störfaktoren im Ablauf geben kann. Die ersten fünf Arbeitsschritte können z. B. überflüssig werden, wenn über die Ausschreibung kein geeigneter Vertragspartner gewonnen werden kann.

Nr.	Arbeitsschritt	Erläuterungen
1	Objektauswahl	• Hoher Energieverbrauch • Einsparpotenzial • Nutzungsperspektive
2	Grobanalyse	• Erfolgt durch Verwaltung, Ingenieurbüro • Analyse Contractingfähigkeit
3	Feinanalyse	• Ist-Analyse • Bewertung Technik/Finanzen • Maßnahmenpaket
4	Kostenermittlung	• Kapital- und verbrauchsgebundene Kosten • Analyse Fremdvergabe
5	Ausschreibung	• Einzellose, Gesamtlos • Bauverwaltung
6	Angebotsbewertung	• Qualität, Kosten, Bonität
7	Vertragsgestaltung	• Eigentum, Haftung, Wartung • Kooperationsgrundsätze
8	Vertragsabschluss	• Beurkundung

Abbildung 6: Idealtypischer Ablaufplan zum Contracting[17]

Vorhandene Einsparpotenziale sind die Basis für ein potenzielles Contracting-Projekt. So steht zunächst die Objektauswahl im Mittelpunkt. Bei der Identifikation bzw. der Auswahl geeigneter Gebäude kann es u. U. sinnvoll sein, mehrere Liegenschaften zu einem „Pool" zusammenzufassen (vgl. Leutgöb et al. 1998: 6). Der Vorteil dieser Zusammenfassung liegt darin, dass die Transaktionskosten nur marginal steigen, das Einsparpotenzial hingegen überproportional. Manche Contracting-Projekte werden erst aufgrund eines Pooling ermöglicht. Bei der Auswahl der einzelnen Gebäude bzw. bei der Bildung des Pools ist die Zukunftsnutzung zu eruieren. Erst langfristig sichere Eigentums- und Nutzungsverhältnisse schaffen die Voraussetzungen für ein erfolgreiches Projekt.

Mittels Dokumenten- bzw. Kostenartenanalyse kann der potenzielle Contracting-Nehmer die Ist-Aufwände für Energie ermitteln bzw. zunächst abschätzen. Diese Analyse liefert bereits Hinweise auf

[17] In Anlehnung an: Energieagentur Sachsen-Anhalt 1998: 46-47.

mögliche Einsparpotenziale, z. B. durch den Vergleich von Gebäuden oder Gebäudeteilen, mittels Zeitreihenanalyse der Entwicklung der Energiekosten.

Eine Bestandsaufnahme im Rahmen einer Ortsbegehung liefert im Anschluss ein Bild des tatsächlichen Zustandes des Objekts. Die technischen Optionen müssen hierbei genau analysiert und gegeneinander abgewogen werden. So kann z. B. bereits der Einbau neuer Fenster eine geringere Dimensionierung der Heizungsanlage nach sich ziehen. Diese Einsparuntersuchungen werden von verschiedenen Anbietern offeriert. Das Ergebnis ist ein konkreter Maßnahmenkatalog. Auf dieser Basis kann sich die konkrete Kostenermittlung anschließen. Neben den Investitionsausgaben muss der potenzielle Contracting-Nehmer in dieser Phase alle Kosten berücksichtigen, die im Rahmen des von ihm präferierten Modells tatsächlich anfallen würden. Auf Basis der ermittelten Werte kann er sich dann für Contracting, Interacting oder ein Modell in Eigenregie entscheiden.

Im nächsten Schritt wird die Ausschreibung durchgeführt. Hierbei ist insbesondere vorab zu entscheiden, ob in einzelnen Losen oder in einem Gesamtlos vergeben werden soll. Generell sieht das öffentliche Vergaberecht eine loseweise, d. h. die Vergabe nach Gewerbezweigen vor. Wenn es wirtschaftlich bzw. technisch sinnvoller ist, kann auch in einem Gesamtlos vergeben werden (vgl. Energieagentur Nordrhein-Westfalen 1997: 15). Aufgrund der regelmäßigen technischen Komplexität des Contracting kann eine Gesamtlosvergabe gut begründet werden.

Bei der Angebotsbewertung ist neben dem Kosten- und Qualitätsvergleich insbesondere die Bonität des möglichen

Vertragspartners von großer Bedeutung. Die Verlässlichkeit auf den Partner ist aufgrund der i. d. R. langen Vertragslaufzeiten angezeigt.

Mit der Vertragsgestaltung und dem Vertragsabschluss endet der idealtypische Ablaufplan. Insbesondere die Vertragsgestaltung kann auf dem Gebiet der Eigentumsfeststellung komplex werden. Es stellt sich bei Contracting-Modellen nämlich immer die Frage nach dem Eigentum während der Vertragslaufzeit bzw. dem Eigentumsübergang.

Die Literatur liefert Alternativen zu dem hier dargestellten Ablaufplan, die sich jedoch nur gering unterscheiden. Der hier simplifiziert beschriebenen Ablauf verdeutlicht bereits, wie aufwendig die Verfahren werden können und welche Zeithorizonte hiermit verbunden sein können.

4. Wirtschaftlichkeit und Kalkulation von Contracting-Projekten

In diesem Abschnitt werden die Grundlagen zur Wirtschaftlichkeit und zur Kalkulation von Contracting-Projekten, einschließlich der Spezifika der Energiepreisgestaltung, dargestellt und erläutert.

4.1. Preis- und Tarifsystem im Energiebereich

Energiekunden, die ihren Anbieter wechseln möchten, müssen zunächst das Preissystem des Lieferanten verstehen und den eigenen Verbrauch analysieren. Im Gegensatz zum Strom- und Gasbezug existieren für den Bezug von Wasser keine gesonderten Vorschriften zur Preisbildung.

Abrechnungseinheit ist die sogenannte Kilowattstunde (kWh), sowohl bei Strom als auch bei Gas. Die verbrauchte Gasmenge ist mit einem Faktor zu multiplizieren, um sie als kWh ausweisen zu können. Die Einheit Watt (W) steht für die elektrische Leistung.

Weitere Berechnungsgrundlage ist die Einheit kVA (kilo-Volt Amere). Sie misst die vom Lieferanten vorzuhaltende Leistung für den Kunden. Dieser Bedarf bestimmt sich z. B. aus der Anzahl von Endgeräten, die in einem Haushalt angeschlossen und gleichzeitig betrieben werden können. Die kVA-Höhe wird als Durchschnittswert oder als Spitzenmittel[18] zum Ansatz gebracht.

In welchem Umfang das Verteilungsnetz in Anspruch genommen worden ist, darüber geben die sog. Benutzungsstunden h/a (Stunden pro Abrechnungsperiode) Auskunft. Der Leistungs-, Arbeits- und Messpreis ist in den zugehörigen Bundestarifordnungen für Gas und Strom definiert.

Legende:

L	= Leistungspreis		
A	= Arbeitspreis		
M	= Messpreis		
$P_{1\text{-}n}$	= Preis in Cent je kWh über n-Perioden		
P	= Preis/Periode	G	= Gesamtpreis
kVA	= Kilo-Volt Ampere	kWh	= Kilowatt pro Stunde
h/a	= Benutzungsstunden	N	= Nutzungsperioden

Der vom Kunden zu zahlende Gesamtpreis für die Energie ergibt sich aus der Addition von Leistungs-, Arbeits- und Messpreis:

$$G = L + A + M$$

Der Leistungspreis ist ein ggf. gestaffelter (Fix-) Betrag, der für festgelegte Perioden, in den denen der Energiebezug erfolgte, zu entrichten ist. Er ist abhängig von der vorzuhaltenden Leistung.

[18] Durchschnittswert kurzfristig zurückliegender Perioden, mit beispielsweise monatlicher Bereinigung durch Addition des letzten und Subtraktion des Anfangsmonats des Betrachtungszeitraumes.

$$L = \mathrm{P} * \sum_{n}^{1} \mathrm{N} * \mathrm{kVA}$$

Die Existenz eines Leistungspreises ist auf den Fixkostenblock der Energielieferanten zurückzuführen (z. B. Verteilungsnetz). Durch die Berücksichtigung der bereitzustellenden Leistung (kVA) werden diejenigen Abnehmer höher belastet, die z. B. das Netz auch tatsächlich höher belasten.

Der Arbeitspreis umfasst die tatsächlich in Anspruch genommenen Nutzungszeiten. Die Summe der Nutzungsstunden wird dabei mit dem Preisfaktor pro kWh multipliziert. Dieser Wert ist in unterschiedliche Tarife gestaffelt. Der nächtliche Strombezug ist dabei in der Regel günstiger, als der am Tag. Dies resultiert aus der geringeren Gesamtabnahme in den Nachtstunden, die mit einer verminderten Leistungsbereitstellung einhergeht.

$$A = P_1{*}h/a_1 + P_2{*}h/a_2 + \ldots\ P_n{*}h/a_n$$

Der Messpreis, auch Zählerpreis genannt, kommt in der Regel nur bei Sondervertragskunden zur Anwendung. Dieser soll die Kosten des besonderen technischen Aufwandes von Prüfeinrichtungen decken, den diese Kundengruppe aufgrund ihrer individuellen Abnahmestrukturen verursacht.

$$M = \mathrm{P} * \sum_{n}^{1} \mathrm{N}$$

Leistungs-, Arbeits- und Messpreis sind oftmals gestaffelt. Dies erfolgt aber uneinheitlich, wodurch Preisvergleiche erschwert werden. Die Klassifikation erfolgt dabei einerseits nach Preisen und andererseits nach Abnahmemengen. In Grenzfällen kann es daher sinnvoll sein, auch mehr Energie als benötigt abzunehmen. Zusätzliche Höchst- und

Mindestpreisregelungen lassen das Tarifsystem dabei noch undurchschaubarer werden.

Die von der Politik gewünschte Transparenz zur Vergleichbarkeit der Preise lässt sich auf dieser Basis nur schwer erfüllen. Aus ökologischen und volkswirtschaftlichen Gründen wäre ein Arbeitspreis mit einer klaren Fixierung des Preises pro kWh das Idealmodell. Dies ist jedoch mehr als unrealistisch: Ein Sondervertragskunde müsste so z. B. die Fixkosten für einen Hausanschluss mittragen, der nur als Ferienwohnung mit geringster Abnahme genutzt wird. Die individuellen Umstände würden so außer Acht gelassen werden. Voraussetzung für einen sinnvollen Anbieterwechsel ist somit zunächst einmal die genaue Kenntnis der eigenen Verbrauchsstrukturen, aktuell und zukünftig. Kommen Überlegungen für ein Contracting-Modell hinzu, potenziert sich die Komplexität einer Bewertung der Vorteilhaftigkeit, da mögliche Einsparpotenziale mittels Contracting zusätzlich analysiert und genauestens bewertet werden müssen. Für Industriebetriebe ist dies oftmals diffizil, weil die Energieabnahmemengen auch von unterschiedlichen Determinanten jenseits eines konkreten Contractingmodells bestimmt werden (z. B. Alter der Maschinen, Konjunktur).

Mit der Öffnung des Energiemarktes zum Ende des letzten Jahrhunderts hat sich bis heute gezeigt, dass die Findung eines Marktpreises zu immer mehr Angeboten geführt hat und der Verbraucher nun Wahlfreiheit vorfindet. Ähnliches hatte sich bereits zuvor im Telekommunikationssektor in Deutschland gezeigt. Gleichwohl ist es nicht - wie im Telekommunikationssektor - zu Preissenkungen gekommen. Ganz im Gegenteil: Die Preise sind gestiegen, was verschiedene Gründe hat, aber sicher auch auf die oligopolen Produzentenstrukturen in Deutschland zurückzuführen ist.

4.2. Einsparpotenziale

Die realisierbaren Einsparpotenziale sind je Objekt (Gebäude oder Einrichtung) völlig unterschiedlich und erstrecken sich in der Regel auf die Bereiche Strom, Wärme und Wasser. Der Wasserverbrauch wird aber in erheblichem Maße vom Verhalten der Nutzer und weniger von technischen Rahmenbedingungen bestimmt. Hierdurch spielt der Wasserverbauch in Contracting-Überlegungen nur eine untergeordnete Rolle. Maßnahmen zum Einsparen von Wasser sind in der Industrie z. B. weit verbreitet.

Die Ermittlung der spezifischen Objektdaten durch eine Dokumenten- bzw. Ist-Analyse ist die Voraussetzung für alle weiteren Überlegungen:

Dokumentenanalyse	**Ist-Analyse**
Gebäudedaten (Alter, Größe etc.)	Gebäudezustand
Nutzung	Sanierungsbedarf
Energierelevante Investitionen	Befragung der Nutzer
Energielieferungsverträge	Informationsaustausch mit Sachkundigen vor Ort
Grundrisse (Zeichnungen etc.)	
Technische Pläne	
Wartungsverträge	

Abbildung 7: Analyse der Objekteigenschaften[19]

Energieeinsparoptionen sind vielfältigster Natur und stark von der Nutzung und dem Zweck des Objektes bestimmt. Hierzu gehören Bereiche bzw. Einrichtungen oder Maßnahmen, die auf den ersten Blick

[19] In Anlehnung an: Kommunalconsult et al. 1998: 40.

nicht auf der Hand liegen. Folgende Beispiele verdeutlichen die Bandbreite.

Sehr kleine Projekte, wie z. B.:

- Die Liftsanierung in einem Hotel zur signifikanten Einsparung von Strom (vgl. Vereinigung Deutscher Elektrizitätswerke 1994b: 11).
- Der Austausch von Lampen im Bürgerhaus von Viernheim zur Stromeinsparung (vgl. Leutgöb et al. 1998: 40).

Sehr große Projekte, wie z. B.:

- Die Errichtung eines Gas- und Dampfturbinenheizkraftwerkes zur Energieversorgung der Papierwerke Waldhof Aschaffenburg Industriepapier GmbH für die Bereiche Strom und Wärme (vgl. Arbeitsgemeinschaft für sparsamen und umweltfreundlichen Energieverbrauch 1996: 4-5).
- Das generelle Outsourcing über ein Contracting-Modell von Laboratorien der amerikanischen Streitkräfte (vgl. Arnold 1996: 41).

Die monetären Einspareffekte lassen sich auf Basis von technischen Daten sehr gut ermitteln. Im Fall von Energiesparlampen können Effekte über den Leistungs- und den Arbeitspreis erzielt werden. Die Lichtintensität ist im nachfolgenden Beispiel identisch:

Herkömmliche Lampe : 60 Watt	= 0,06 kW Leistung
Sparlampe : 11 Watt	= 0,011kW Leistung
	= 0,49 kW geringerer Leistungsbezug

Herkömmliche Lampe 54 kWh Arbeit

bei 17 Stunden ist bereits eine kWh Arbeit erreicht: 17*0,06 =1,02

Sparlampe 9,9 kWh Arbeit

bei 91 Stunden ist erst eine kWh Arbeit erreicht: 91*0,011 =1,001

Hinzu kommt eine achtfache Haltbarkeit der Energiesparlampe, die jedoch von der Qualität (und damit dem Preis) sowie vom Ein- und Ausschaltzyklus abhängig ist. Neben diesem einfachen Beispiel existieren Kennzahlen, die mittels der oben dargestellten Ist-Analyse relativ schnell einfache, aber durchaus valide Ersteinschätzungen zum Energieverbrauch ermöglichen:

Legende:

Q_h = Heizungsbedarf, auf 25 MJ/m^{2}a gerundet

n = Nutzungsgrad, auf 0,05 gerundet

E_h = Energiekennzahl Raumheizung, auf 25 MJ/m^{2}a gerundet

E_e = Energiekennzahl Elektrizität, auf 25 MJ/m^{2}a gerundet

E_w = Energiekennzahl Wärme, auf 25 MJ/m^{2}a gerundet

	Q_h		n		E_h		E_h	
	Ist	Soll	Ist	Soll	Ist	Soll	Ist	Soll
Verwaltungsbauten								
...natürlich belüftet	400	300	0,80	0,85	500	350	125	100
...mechanisch belüftet	450	320	0,80	0,85	575	375	250	225
...klimatisiert	500	330	0,80	0,85	575	375	350	300
Schulen								
...Kindergärten	375	280	0,75	0,80	525	375	50	40
...Berufs- und Fachschulen	425	320	0,75	0,80	600	425	150	125

Abbildung 8: Einsparpotenziale an öffentlichen Gebäuden[20]

[20] In Anlehnung an: Schweizer Ingenieur- und Architektenverein aus Leutgöb 1998: 38.

Die dargestellten Ist-Werte basieren auf bestehenden Bauten ohne gravierende Mängel, die Soll-Werte auf guten Ergebnissen nach einer Sanierung. Man kann davon ausgehen, dass sich eine große Anzahl von öffentlichen Gebäuden in einem schlechten Zustand befindet. Aus der Abbildung wird das Potenzial deutlich, welches aus ökologischen wie aus ökonomischen Gesichtspunkten gehoben werden könnte.

Die monetären Gesamteinsparpotenziale erstrecken sich jedoch nicht nur auf die harten energetischen Fakten, wie oben beispielhaft dargestellt. Auf Basis einer Vollkostenrechnung sollten alle Bestandteile berücksichtigt werden, die mit einem entsprechenden Projekt in Zusammenhang stehen. Hierzu zählen z. B. sinkende Versicherungsbeiträge in Produktionsbetrieben, da Ausfallrisiken ggf. vom Contractor getragen werden. Es kann aber auch zu Kostensteigerungen in einzelnen Bereichen kommen, die nicht unterschätzt werden sollten und in der Kalkulation zu berücksichtigen sind. Hierzu gehören z. B. Zusatzkosten durch ein umfangreicheres Handling der Versorgungseinrichtungen[21].

Als Vergleichsmaßstab für die Einsparpotenziale dient die sog. „Baseline" (vgl. Kommunalconsult et al. 1998: 20). Es handelt sich hierbei um einen ggf. zu bereinigenden Energiebedarfswert aus vorangegangenen Abrechnungsperioden. Extreme Witterungsverhältnisse oder die unterschiedliche Nutzung eines Gebäudes in Vorperioden würden ohne die „Baseline" das Ergebnis einer Vorteilhaftigkeitsanalyse verfälschen. Daher wird, getrennt für die Bereiche „Arbeit" und „Leistung", ein Referenzwert (Baseline) als Ausgangspunkt ermittelt. Die Basline basiert z. B. auf gemittelten

[21] In einem Interview verwies der verantwortliche Mitarbeiter der Stadt Goslar darauf, dass sich z. B. die Hausmeistertätigkeiten erhöht haben.

Gradtageszahlen der Vorjahre, um den unterschiedlichen klimatischen Bedingungen ausreichend Rechnung zu tragen. Die Gesamtersparnis ergibt sich auf Basis einer Baseline wie folgt (der Messpreis wird hiervon nicht tangiert):

Kostenersparnis = $(A_{Baseline} + L_{Baseline} + M) - (A_{Ist} + B_{Ist} + M)$

Ist = Nach Ausschöpfung aller Potenziale

Baseline = Referenzwert

Neben den monetären Effekten sollten auch - gerade bei vermieteten Gebäuden - nicht-monetäre Ergebnisse berücksichtigt werden. So sind z. B. verbesserte Arbeitsbedingungen ein nicht zu unterschätzender Produktivitätsfaktor und geringe Nebenkostenabrechnungen ein erheblicher Anreiz für potenzielle Mieter.

Wie bereits betont, hängen die erzielbaren Effekte vom jeweiligen Einzelprojekt mit seinen spezifischen Rahmenbedingungen ab. Hinzu kommt die Differenzierung des Einzelprojekts in unterschiedliche Dimensionen (z. B. Heizung, Lüftung, Dämmung, Beleuchtung, Klima). Im Ergebnis verfügt der potenzielle Contracting-Nehmer über eine Bandbreite möglicher Einzelmaßnahmen, die dann in Summe das Gesamteinsparpotenzial darstellen.

4.3. Investitionsbedarf

Den realisierbaren Einsparpotenzialen müssen die hierfür notwendigen Investitionen gegenübergestellt werden, um die Vorteilhaftigkeit ermitteln zu können.

Der Investitionsbedarf setzt sich aus allen Ausgaben zusammen, die der Contractor zur Realisierung der Einsparpotenziale aufwenden muss. Der Investitionsbedarf kann relativ valide auf Basis von Kostenvoranschlägen ermittelt werden. Folgendes Schema verdeutlicht die Ermittlung des Investitionsbedarfes:

	Baukosten	• Auf Basis Kostenvoranschlag
./.	Nachlässe	• Typische Nachlässe des geschäftlichen Verkehrs
./.	Umsatzsteuer	• Möglichkeit zum Vorsteuerabzug
+	Planungshonorare	• Z. B. bei Einbezug eines Planungsbüros
+	Nebenkosten	• Z. B. Notariatskosten
./.	Investitionszuschüsse	• Z. B. kosmetische Arbeiten
=	**Investitionsvolumen**	

Abbildung 9: Ermittlung des Investitionsbedarfes

Die Investitionszuschüsse werden gewährt, weil Contracting-relevante Maßnahmen und kosmetische Verschönerungen nicht voneinander zu trennen sind bzw. eine Trennung keinen Sinn ergibt. Im Kostenvoranschlag sind also in aller Regel Positionen enthalten, die mit der eigentlichen Contracting-Maßnahme nichts zu tun haben und deshalb gesondert vergütet werden. So ist z. B. ein neuer Heizkörper typischerweise Bestandteil des Contracting, die marode Fensterbank darüber nicht. Neben diesen baulichen Zusammenhängen können aber auch gesonderte Fördermittel als Investitionszuschuss zum Abzug gebracht werden, die vom Bund oder den Ländern gewährt werden. Das kalkulierte Investitionsvolumen ist Basis für die Ermittlung der Vorteilhaftigkeit des Contracting-Projekts.

4.4. Contracting-Rate

In der Betriebswirtschaftslehre existieren grundsätzlich unterschiedliche Methoden um die Vorteilhaftigkeit einer Investition zu bewerten. In der Energiewirtschaft kommen oftmals dynamische Investitionsverfahren zur Anwendung (vgl. z. B. Bundesamt für Konjunkturfragen 1992). Für das

Contracting verweist die Literatur übereinstimmend auf die Annuitätenmethode, was aufgrund der bereits erwähnten langen Laufzeiten nicht verwundert. Die einzelnen Bestandteile der Annuität werden von der Art des Contracting und vom Contracting-Projekt selbst bestimmt. Darüber hinaus existieren über die Laufzeit spezifische Risiken, die in einer Kalkulation berücksichtigt werden müssen und den Kapitalwert selbst beeinflussen. Nachfolgend ist die Contracting-Rate als der energiebezugsunabhängige Teil der Kalkulation definiert. Die Gesamtkosten für den Contracting-Nehmer ergeben sich somit aus dem spezifischen Energiebezug zuzüglich der Contracting-Rate.

4.4.1. Annuität

Zur Ermittlung der Contracting-Rate wird die Annuitätenmethode (vgl. Vereinigung Deutscher Elektrizitätswerke 1994b: 12) empfohlen. Sie wird oftmals an die Ermittlung des Kapitalwertes gekoppelt (vgl. Kommunalconsult et al. 1998: 53 ff). Beide Formen der dynamischen Investitionsrechnung sind statischen Rechenverfahren vorzuziehen, weil sie

- die Ein- und Auszahlungsströme berücksichtigen,
- die Nutzungsperioden einbeziehen und
- auf finanzmathematischen Methoden basieren (vgl. Olfert 1995: 108).

Die Annuitätenmethode wird grundsätzlich als Investitionsrechenverfahren und zur Berechnung von Schuldentilgungen angewendet. In beiden Fällen wird eine periodische Zahlung (Annuität) ermittelt.

Die mit dem Investitionsobjekt verbundene Auszahlung wird bei der Annuitätenmethode gleichmäßig auf die Nutzungsjahre umgelegt (vgl. Däumler 1994: 117). Die Ein- und Auszahlungen in den einzelnen Perioden der Nutzung, die Anschaffungsauszahlung (das Investitionsvolumen) zu Beginn der Vertragslaufzeit und ein ggf. vorhandener Restwert werden bei dieser Form der Investitionsrechnung unter Berücksichtigung des Zins- und Zinseszinseffekts auf die vereinbarte Laufzeit verteilt.

Bei Contracting-Projekten ergeben sich i. d. R. keine Restwerte, da die Vertragslaufzeiten die technischen und / oder abschreibungsrelevanten Nutzungsdauern übersteigen. Zudem wären Marktwerte für Restwerte kaum zu erzielen.[22] Für eine erste Berechnung sollte zunächst der Kapitalwiedergewinnungsfaktor ermittelt werden, weil er einen fälligen Geldbetrag, hier das Investitionsvolumen für das Contracting-Projekt, unter Berücksichtigung von Zins und Zinseszins auf die Nutzungsdauern verteilt

Legende:

n = Nutzungsdauer

g = Periodischer Betrag (Contracting-Rate)

K_0 = Anschaffungsauszahlung (Investitionsvolumen)

KWF_n = Kapitalwiedergewinnungsfaktor in Abhängigkeit von n

i = Zinssatz

$$\mathrm{KWF} = \frac{i * (1 + \mathrm{i})^{\mathrm{n}}}{(1 + \mathrm{i})^{\mathrm{n}} - 1}$$

[22] Im Fall des Nutzungs-Contracting oder bei einem eventuell zeitlich versetzten Investitionszuschuss sind unter Umständen Zahlungen in Form eines Restwertes zu berücksichtigen.

$$g = -K_0 * KWF_n$$

K_0 beinhaltet u. U. kalkulierte (monatliche) Kosten. Dies können beispielsweise Personal-, Instandhaltungs- oder Wartungskosten sein, die vom Contractor angesetzt und den Investitionskosten zugeschlagen werden. Eine Verteilung der Investitionskosten über die Annuität und ein Hinzurechnen etwaiger Wartungskosten in den einzelnen Perioden ist aber ebenso üblich. Für den Contracting-Nehmer ist die Berechnungsmethode unerheblich. Er kennt nach der Ist-Analyse seine periodischen Kosten und kann diese mit der Contracting-Rate (g) unmittelbar vergleichen. Das Einholen von Alternativangeboten ist für ihn hierdurch ebenfalls sehr einfach möglich.

4.4.1.1. Kalkulatorischer Zinssatz

Der Zinssatz i stellt bei Schuldentilgungen über ein Annuitätenverfahren eine Marktgröße dar, die um einen Mittelwert bei bestimmten Laufzeiten und unterschiedlichen Anbietern schwankt, wie typischerweise bei Hypothekendarlehen. Im Contracting-Modell existiert im Gegensatz hierzu jedoch kein typischer und transparenter Zinssatz. Der Zinsfaktor hat kalkulatorischen Charakter und kann somit subjektiv angesetzt werden. Er ist Gegenstand der wissenschaftlichen Literatur (vgl. z. B. Busse von Colbe et al. 1989: 52 ff, Däumler 1994: 29). Däumler ging bei der Wahl des kalkulatorischen Zinssatzes von einer Bandbreite von 8-12 % aus (ebd.: 32). Das Finden eines „richtigen" internen Zinssatzes kann sicher nicht Anspruch dieser Arbeit sein, gleichwohl sollen nachfolgende Ausführungen Hinweise für das Identifizieren eines Contracting-adäquaten Zinssatzes liefern.

Um den Besonderheiten der Energiewirtschaft Rechnung zu tragen, wäre der kalkulatorische Zinssatz an den üblichen Renditen dieser Branche auszurichten. Diese sind jedoch nicht transparent und werden nicht nur geheim gehalten, sondern gegenüber den Aufsichtsbehörden so gut wie möglich verschleiert. Ein anderer Ansatz wäre die Übertragung der Verzinsung festverzinslicher Wertpapiere. Dieser Zinssatz kann jedoch nicht als geeigneter Maßstab dienen, da er sich periodisch ändert und auf ihn zumindest ein Aufschlag erfolgen müsste, um einen Anreiz für die Realisierung des Projekts zu geben.

Als weitere Möglichkeit bietet sich die Verwendung des Zinssatzes aus der Strompreiskalkulation an. Zur Sicherstellung des Substanzerhalts eines Stromversorgungsunternehmens darf das eingesetzte Eigenkapital verzinst werden. Die Höhe errechnet sich über das arithmetische Mittel der Realverzinsung festverzinslicher Anlagen der letzten fünf Jahre, wobei die letzte Periode besonders gewichtet wird (vgl. Verband der kommunalen Unternehmen 1996: 409). Die Datenbasis ergibt sich aus den Monatsberichten der Deutschen Bundesbank in Verbindung mit dem Preisindex des statistischen Bundesamtes. Dieser Zinssatz kann als geeigneter Maßstab angesehen werden, da mit dieser Größe die Strompreise kalkuliert werden müssen. Die gesetzlichen Vorgaben für die Ermittlung des Zinssatzes haben sich im letzten Jahrzehnt nicht nur verändert, sondern sind auch differenzierter geworden (z. B. alte und neue Anlagen des Eigenkapitals der Unternehmen). In einem Positionspapier von 2006 gehen die Regulierungsbehörden des Bundes und der Länder von einem Zinssatz für Altanlagen von 6,5 % aus (vgl. Regulierungsbehörden des Bundes und der Länder 2006: 14).

Da jedes Investitionsprojekt mit Risiken behaftet ist, muss der veranschlagte Zins eine zusätzliche Wagniskomponente erhalten. In dieser Arbeit wird im Weiteren daher davon ausgegangen, dass sich die Gesamtverzinsung aus der Verzinsung zur Strompreiskalkulation und einem Risikozuschlag zusammensetzt.

4.4.1.2. Risiken

Contracting-Projekte sind stets, wie alle anderen Investitionsprojekte auch, mit unterschiedlichen Risiken behaftet. Der Ausschluss bzw. die Übernahme eines Wagnisses durch eine Vertragspartei muss die andere Vertragspartei entsprechend vergüten. Die hiermit verbundenen vertraglichen Regelungen determinieren somit auch unmittelbar die Contracting-Rate selbst. Nachfolgende Darstellung vermittelt einen Überblick über die typischen Risiken und die zugehörige Verantwortlichkeit:

Risiko	**Typische Verantwortung**
Funktionstüchtigkeit der Versorgungsanlage	Contractor
Schäden an der Versorgungsanalage	Beide; meist über Versicherung
Schadenhaftung ggü. Dritten	Beide; meist über Versicherung
Energiepreisrisiko	Contracting-Nehmer
Erzielung der Einsparungen	Contractor
Wartungs- und Instandhaltungskosten	Contractor
Nutzungsänderungen	Contracting-Nehmer
Finanzierungsrisiko	Contractor

Abbildung 10: Risiken und Verantwortlichkeiten bei Contracting-Projekten[23]

Die dargestellten, sicherlich nicht abschließenden Risiken, müssen berücksichtigt werden. So kann z. B. eine Nutzungsänderung durch den

[23] In Anlehnung an Hessische Energieagentur 1998: 12.

Contracting-Nehmer die ermittelte Baseline ad absurdum führen, was ausschließlich vom Contracting-Nehmer zu vertreten ist.

Risiken, die sich eine Vertragspartei vergüten lässt, sind tendenziell auch von dieser zu tragen. Sollte eine Vertragspartei für ein übernommenes Risiko keine Vorsorge getroffen haben, so kann dies im Schadensfall zu erheblichen Konsequenzen führen. Aus diesem Grund wird im nachfolgenden Abschnitt eine Risikoanalyse entwickelt, die keinen Anspruch auf Allgemeingültigkeit hat, aber die wichtigsten Aspekte umfasst und bedarfsindividuell weiterentwickelt werden kann.

Die Beweggründe für ein Contracting-Projekt beeinflussen letztlich auch die Risikoverteilung zwischen den Vertragspartnern. Ist z. B. das primäre Ziel ein Outsourcing der Energieanlagen, so wird der Contracting-Nehmer stets bestreb sein, sämtliche Risiken auf den Contractor zu übertragen, was sich dieser wiederum über eine höhere Contracting-Rate vergüten lassen würde.

4.4.1.3. Risikozuschlag als Bestandteil des Zinssatzes

Die Individualität von Contracting-Projekten, die unterschiedlichen Contracting-Arten, die Besonderheiten der Objekte, Bedarfe und Einzelmaßnahmen erfordern, wie schon erwähnt, eine differenzierte Analyse. Nachfolgend wird hierfür eine Risikoanalyse (vgl. Däumler 1994: 34) dargestellt, die verschiedenen Besonderheiten gerecht wird. Das Referenzmodell basiert auf einem konkreten Contracting-Projekt Goslarer Schulen und kann bedarfsspezifisch angepasst werden. Für jedes Risiko können Punkte, d. h. 0 = hohes Risiko und 10 = kein Risiko, vergeben werden.

Risikoart	Risikoeinschätzung				
Validität Investitionsumfang	Gering	Oberflächlich	Mittelmäßig	Gut	Sehr gut
Erfahrung mit Contracting-Art	Sehr gering	Gering	Mittelmäßig	Gut	Sehr gut
Erfahrung mit Contracting-Methodik	Sehr gering	Gering	Mittelmäßig	Gut	Sehr gut
Nutzungsdauer	Bis 25 Jahre	Bis 20 Jahre	Bis 15 Jahre	Bis 10 Jahre	Unter 10Jahre
Gewünschte Vertragsdauer	Bis 25 Jahre	Bis 20 Jahre	Bis 15 Jahre	Bis 10 Jahre	Unter 10Jahre
Kundenverlustrisiko	Sehr Wahrscheinlich	Wahrscheinlich	Unsicher	Unwahrscheinlich	Keins
Einsparpotenziale	Sehr gering	Gering	Mittelmäßig	Gut	Sehr gut
Unterhaltungsaufwand	Grob einschätzbar	Kaum einschätzbar	Einschätzbar	Gut einschätzbar	Sehr gut einschätzbar
Versicherungsschutz	Dringend erforderlich	Erforderlich	Ggf. notwendig	Kaum erforderlich	Nicht erforderlich
Eigentumsabsicherung	Nicht zu gewährleisten	Kaum zu gewährleisten	Ggf. zu gewährleisten	Beschränkt Eigenturm	Bleibt Eigentum
Marge	Keine	Kaum	Wenig	Hoch	Sehr hoch
Sicherung Arbeitsplätze	Keine	Kaum	Wenig	Hoch	Sehr hoch
Bonitätsfrage	Sehr schwierig	Schwierig	Mittelmäßig	Gute Bonität	Geklärt
Imagegewinn	Keiner	Gering	Mittelmäßig	Gegeben	Wahrscheinlich

Abbildung 11: Kriterien des Risikozuschlages

Die Gewichtung der 14 Merkmale ist in Abbildung 11 zunächst identisch. Die Gewichtung erfolgte durch die in das Thema involvierten Mitarbeiter des Unternehmens. In nachfolgender Abbildung ist das zugehörige Datenmaterial enthalten. Es ist das arithmetische Mittel aus den Einschätzungen der in das Thema involvierten Mitarbeiter des Unternehmens. Diese subjektive Bewertung ist periodisch zu überarbeiten, um den jeweils gültigen Rahmenbedingungen ausreichend gerecht werden zu können. Zum Thema „Image" ergab z. B. eine Studie, dass das Selbstbild und das Fremdbild in keiner Branche so weit auseinander fallen, wie in der Energiebranche.

Risikoart	Punkte				
1	0,67	3	4	7	9
2	1	4	5,67	7,67	9,33
3	1	4	5,67	7,67	9,33
4	2	3	4,67	7	8,67
5	2	3	4,33	7	8,67
6	0,67	1,34	5	7	9,67
7	0,33	1,67	4,67	6,67	9
8	0,67	1,33	3	6,33	8,33
9	0,67	2	3,33	8	9,33
10	1	1,67	3	8	10
11	0	1,67	3,33	7,67	9,33
12	1,33	2,67	4,33	6,67	8,67
13	1	1,67	3,33	7,33	9,67
14	1,33	2,33	4	5,67	8

Abbildung 12: Punktevergabe zum Einzelrisiko

Aus Sicht des Unternehmens wurde als ausreichender Risikozuschlag die Verdoppelung des kalkulatorischen Zinses der Strompreiskalkulation angesehen. Daher kann bei einer maximal zu erreichenden Punktzahl von 127 folgende Skalierung für einen Risikozuschlag zu Grunde gelegt werden:

- Unter 28 Punkte = 6%
- Bis 42 = 5,25%
- Bis 56 = 4,5%
- Bis 70 = 3,75%
- Bis 84 = 3%
- Bis 98 = 2,25%
- Bis 112 = 1,5%
- Über 112 = 0,75%

Die Zuordnung verdeutlicht, dass z. B. bei sehr geringem Risiko auch nur ein geringer prozentualer Zuschlag notwendig ist, um im Wettbewerb mit weiteren Anbietern bestehen zu können. Die Zuordnung ist natürlich subjektiv, aufgrund der Anzahl der Risikoarten, der Anzahl der befragten (kompetenten) Mitarbeiter etc., aber sicherlich hinreichend valide. Wurde der Risikozuschlag ermittelt, kann im Anschluss durch Einsetzen der Projektdaten die Annuität (Contracting-Rate) ermittelt werden.

4.4.2. Kapitalwert

Die Kapitalwertmethode ist eine Umformung der Annuitätenmethode. Je größer (positiver) der Kapitalwert ist, umso vorteilhafter ist das Investitionsprojekt für den Contractor. Die übe die Annuität berechnete Contracting-Rate g führt stets einen Kapitalwert 0, solange die Datenbasis zwischen der Annuitätenberechnung und der Kapitalwertermittlung identisch ist. Nachfolgend sind zunächst die Berechnungsgrundlagen des Kapitalwertes dargestellt:

Legende:

n = Nutzungsdauer

g = Periodischer Betrag (Contracting-Rate)

C_0 = Kapitalwert

DSF_n = Diskontierungssummenfaktor in Abhängigkeit von n

i = Zinssatz

$$\mathrm{DSF} = \frac{(1+\mathrm{i})^{\mathrm{n}} - 1}{\mathrm{i}\,(1+\mathrm{i})^{\mathrm{n}}}$$

$$C_0 = -K_0 + g * DSF_n$$

$C_0 = 0$; wenn die fixierten Parameter der Annuität (K0, g, i) nicht variiert werden

Es ist daher für den Contractor von großem Interesse zu erfahren wie sich einzelne Änderungen der Parameter auf die Vorteilhaftigkeit (den Kapitalwert) der Investition auswirken. Im Rahmen einer Sensitivanalyse spricht man in diesem Zusammenhang von der Reagibilität der Zielgröße, d. h. wie ändert sich der Kapitalwert einer Investition, wenn sich eine einzelne Einflussgröße um einen bestimmten Prozentsatz verändert (vgl. Busse von Colbe et al. 1989: 64). Nachfolgende Darstellung veranschaulicht die Reagibilität des Kapitalwerts beispielhaft bei prozentualen Veränderungen der Inputgrößen:

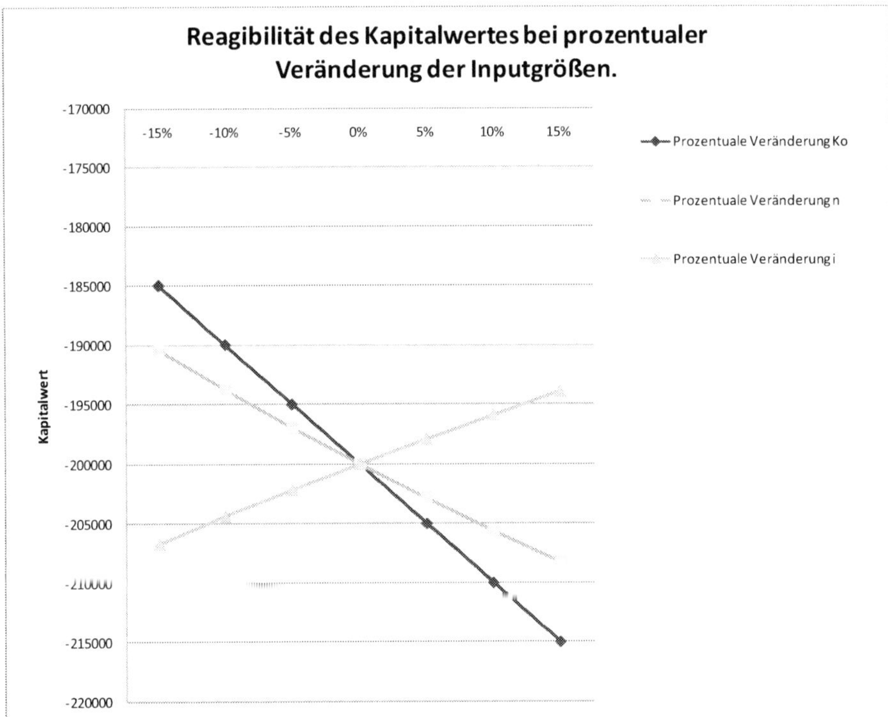

Abbildung 13: Reagibilität des Kapitalwerts

Ohne auf Details eingehen zu müssen, wird aus der Darstellung ersichtlich, wie sensibel der Kapitalwert auf Veränderungen an den Inputgrößen reagiert. Berücksichtigt man die vielen bereits an anderer

Stelle angesprochenen (unsicheren) Variablen eines Contracting-Projekts, wird deutlich, wie schnell sich eine Maßnahme zum Positiven oder Negativen aufgrund kleinster Veränderungen entwickeln kann. Grundsätzlich profitiert der Contractor bei einer Sensitivanalyse von der Visualisierung und der damit verbundenen unmittelbaren Darstellung der kritischen Faktoren. Hierdurch wird er z. B. unmittelbar in die Lage versetzt, Verhandlungen zielgerichtet führen zu können. Die Reagibilität und die Contracting-Rate sind die zwei wesentlichen Erkenntnisfaktoren für ein Projekt.

4.5. Vergütungsmodelle

Das vertraglich zu vereinbarende Vergütungsmodell beinhaltet idealerweise alle ökonomischen Inhalte eines Contracting-Projektes. Es empfiehlt sich, nicht zu letzt aufgrund der hohen Anzahl von Variablen und der Reagibilität des Kapitalwertes, auf Sonderregelungen außerhalb des vertraglichen Verhältnisses zu verzichten. Dies ist auch aufgrund einer sonst mangelnden Vergleichbarkeit der Angebote zu empfehlen.

Das Vergütungsmodell berücksichtigt dementsprechend das Investitionsvolumen, die Contracting-Rate und alle zusätzlichen Aufwendungen, wie z. B. die bereits erläuterten Investitionszuschüsse. Der auf periodischer, in der Regel auf monatlicher Basis kalkulierten Contracting-Rate werden alle Kosteneinsparungen gegenübergestellt. Dies muss abgezinst erfolgen, um die Vergleichbarkeit der Zahlenbasis sicherzustellen. Zu beachten sind hierbei die Besonderheiten des Arbeits-, Leistungs- und Messpreises. Diese Daten werden in unterschiedlichen Vergütungsmodellen zusammengefasst:

1.) Der Contractor berechnet über die Baseline die Referenz Energiebezugskosten und stellt diese dem Contrating-Nehmer in Rechnung. Die Differenz zwischen den verringerten Ist-Energiebezugskosten und dem Referenzwert nutzt der Contracting-Geber zur Amortisation seiner Aufwendungen.
   - Diese Form ist besonders geeignet, wenn gute Einsparpotenziale erzielt werden können. Diese sind ausreichend für die Amortisation, können vom Contractor garantiert werden und haben ggf. sogar noch Überschusspotenzial. Diese könnten vertraglich fixiert nach Ende des Projekts aufgeteilt werden.

2.) Der Contracting-Nehmer entrichtet eine Contracing-Rate und verzichtet zusätzlich auf die erzielbaren Einsparpotenziale zugunsten des Contractors.
   - Existieren hohe zusätzliche Kosten, z. B. für Renovierungen, Grundsanierung, kann dieses Vergütungsmodell sinnvoll sein. Es basiert auf dem Verursachungsprinzip, da die Einsparmaßnahmen nichts mit sonstigem Sanierungsbedarf zu tun hat.

3.) Der Contractor stellt ausschließlich die Contracting-Rate in Rechnung.
   - Dieses Vergütungsmodell bietet sich an, wenn Contractor und Energielieferant unterschiedliche Parteien sind oder der Contracting-Nehmer die Sparpotenziale für sich nutzen möchte.

4.) Der Contractor berechnet ausschließlich den verringerten Energiebezug.
   - Dieses Vergütungsmodell ist vor allem dann geeignet, wenn z. B. Investitionszuschüsse dritter Parteien einen

großen Teil der Investitionsausgaben abdecken (z. B. Fördermittel des Bundes oder der Länder). In diesem Fall kann eine Contracting-Rate gänzlich hinfällig werden.

Die dargestellten Vergütungsmodelle sind sicher nicht abschließend, weil es viele Zwischenlösungen gibt. Gleichwohl handelt es sich um die gängigsten Modelle. Welche Form zum Tragen kommt bestimmen letztlich die Vertragsparteien gemeinsam.

5. Einsatz des Contracting

Die Besonderheiten des Contracting sind in den vorigen Abschnitten teilweise schon dargestellt worden. Nachfolgend werden auf dieser Basis die Vor- und Nachteile des Contracting diskutiert und unterschiedliche Perspektiven der Thematik untersucht.

5.1. Argumente für das Contracting

Die Argumente für das Contracting sind vielschichtig. Abhängig von den politischen Mehrheiten, der aktuellen politischen Agenda oder einfach steigenden Energiekosten wird das Thema Contracting wieder in das Bewusstsein der Öffentlichkeit gehoben. Vor diesem Hintergrund wird versucht, ein objektives Bild der „Gemengelage" zu vermitteln.

5.1.1. Objektive Vorteile

Die **Knappheit der Finanzmittel** für Investitionen in sinnvolle Energiesparmaßnahmen ist augenscheinlich ein klares Argument für den Einsatz von Contracting. Die öffentliche Hand kann aufgrund der Haushaltslage entsprechende Investitionen nicht tätigen. Im Bereich der Privatwirtschaft gilt die Knappheit der Finanzmittel nicht. Hier sucht sich das Kapital jedoch Investitionen, die am meisten Rendite versprechen.

Das Contracting, vor allem mit seinen meist langen Amortisationszeiten, spielt daher eine untergeordnete Rolle (vgl. Bertelmann et al. 1993: 13). Bleibt die Frage, warum sich das Contracting im öffentlichen Sektor bis heute nicht durchgesetzt hat. Ohne alle Gründe an dieser Stelle aufzählen und erläutern zu können ist u. a. davon auszugehen, dass Fehlanreize eine wichtige Rolle spielen. So sind z. B. im letzten Jahrzehnt zahlreiche Landesbetriebe mit dem Ziel einer zentralen Gebäudebewirtschaftung durch die Bundesänder ausgegründet worden, Anreize für einen effizienten Umgang mit den Steuermitteln sind aber nur eingeschränkt gegeben. Solange z. B. Finanzbehörden weiterhin die Planung, Realisierung und Bewirtschaftung eigener Gebäude mitbestimmen können, kommt es zu Zielkonflikten, die der Effizienz abträglich sind.

Die Einsparung von Energie und die damit einhergehende **Kostenentlastung** ist sicher ein weiterer Grund für den Einsatz des Contracting. Die Konkurrenzsituation ist in vielen Industriebereichen so hoch, dass ein permanentes Kostenmanagement notwendig ist. Selbst wenn die Einspareffekte gering sein sollten, so verbleibt zumindest ein vermarktbarer **Image- bzw. Marketingeffekt**. Viele Unternehmen entdecken gerade in Zeiten steigender Energiepreise die sogenannten „Umweltbilanzen“ wieder.

Nicht unerheblich sind die Einsparpotenziale bei der **Reduktion der Betriebskosten**. Je komplexer die Versorgung einer Betriebsstätte mit Energie ist, umso größer fällt eine eventuelle Ersparnis aus. Synergieeffekte können sich beispielsweise bei der Ersatzteilbevorratung oder bei dem Betrieb zentraler Stellen zur Sicherstellung der Bereitschaft ergeben. In diesem Bereich können insbesondere Personalkosten eingespart werden.

Ein Outsourcing des Energiemanagements mittels Contracting hat zudem eine **Entlastung von Aufgaben und Verantwortung** zur Folge. Der Contracting-Nehmer muss lediglich seine Bedürfnisse artikulieren und eine seinen Bedürfnissen angepasste Contracting-Rate entrichten. Wartungs-, Erneuerungs- oder Produktionsausfallrisiken können auf diesem Wege auf den Vertragspartner übertragen werden.

Das **kamerale Rechnungswesen** im öffentlichen Sektor ist zu dem eine „Steilvorlage" für Contracting-Modelle. Die Trennung in Verwaltungs- und Vermögenshaushalt in Verbindung mit den gesetzlichen Restriktionen zur Aufnahme von Krediten führt in Zeiten leerer öffentlicher Kassen in eine ausweglose Lage insbesondere in den Kommunen. Den Verwaltungshaushalt[24] entlastende Investitionen in die energetische Sanierung sind vieler Orts unmöglich geworden. Um zumindest langfristig an den Sparpotenzialen im Energiebereich partizipieren zu können und unmittelbar die Umwelt zu entlasten, ist das Contracting die geeignete Methodik. Der Contractor übernimmt die Vorfinanzierung, setzt die Einsparpotenziale frei und amortisiert die Investition aus den verringerten Energiekosten. Spätestens nach Ablauf des Projekts wird die öffentliche Hand auf Dauer entlastet.

5.1.2. Umwelt- und Klimaschutz

Bereits im Juni 1990 beschloss die Bundesregierung eine **Verringerung der CO_2-Emissionen** um 25 - 30% (Basisjahr 1987) bis zum Jahr 2005 (vgl. Beschluss der Bundesregierung vom 13. Juni 1990 zu Reduzierung der CO_2-Emissionen, aus: Bertelmann et al. 1993: 44). Die Verwirklichung dieses Vorhabens wurde zwischenzeitlich nicht zu unrecht angezweifelt (vgl. Hüttenhölscher 1998: 13). Zudem gilt als

[24] Einsparungen z. B. in den Bereichen Energiebezug, Unterhaltung, Betrieb.

gesichert, dass der Weltenergiebedarf bis 2030 um 75% ansteigen wird und das Ozonloch bereits 1998 76 mal so groß wie die Bundesrepublik war. Contracting-Modelle sind sicher keine Allheilmittel zur Lösung der klimatischen und energiewirtschaftlichen Probleme unseres Landes, gleichwohl bieten sie ein Potenzial, das gehoben werden sollte. Werden die Einsparpotenziale über das Contracting konsequent genutzt, ergibt sich immerhin eine Reduktion der Kosten und Emissionen von „... immer über 10%, oft weit über 20%, manchmal bis über 30% (Kaier 1998: 27). Zumindest in Deutschland könnte auf diesem Wege ein erheblicher Beitrag zum Umweltschutz geleistet werden.

Ohne das Contracting würden außerdem zahlreiche **Umweltschutzmaßnahmen durch Energieeinsparung** nicht realisiert werden können. So wurden z. B. allein über das Förderprogramm „NESSI[25]" in Niedersachsen 1997-1998 30 Millionen DM in entsprechende Projekte investiert. Die CO2-Verringerung betrug dabei für beide Jahre ca. 84.000 Tonnen (vgl. Niedersächsische Energieagentur 1998). NESSI diente damals als Initiative für weitere Investitionsmaßnahmen in den Umweltschutz. Ohne Contracting-Modelle hätten viele niedersächsische Städte und Gemeinden, die Zielgruppe der Fördergelder waren, auf die Investitionen verzichten müssen.

5.1.3. Technisch-wirtschaftliche Aspekte

Der Einbezug eines Fremdinvestors (Contractors) ist nicht in allen Fällen erforderlich oder sinnvoll. Wenn ausreichend eigene Finanzmittel zur Verfügung stehen, können die Maßnahmen auch in Eigenregie durchgeführt werden. Grundsätzlich kann ein potenzieller Contracting-Nehmer die notwendigen Sanierungsmaßnahmen selbst planen und

[25] Niedersächsische-Energie-Spar-Schulen in Aktion.

umsetzen. Über Interacting-Modelle könnten die Städte bei ausreichender Finanzausstattung auf einen externen Contractor verzichten.[26] Warum also einen Außenstehenden partizipieren lassen? Hinzu kommt, dass die öffentliche Hand auf dem Kapitalmarkt in der Regel sehr viel bessere Konditionen erzielen kann, als dies Privaten möglich ist. Sollte der (private) Contractor auf Kredite angewiesen sein, kann sich allein hieraus ein wirtschaftlicher Nachteil für das Projekt ergeben.

Allen Anbietern von Contracting-Modellen kommt maßgeblich zugute, dass es sich bei dem Produkt Energie, welches mit dem Contracting in einer Art „Zwitterbeziehung" steht, um eine komplexe Materie handelt. Zwar ist der Energiebezug grundsätzlich standardisiert und auf Basis des Energiewirtschaftsgesetzes auch von anderen Marktteilnehmern zu bedienen, die logistischen (z. B. Netzsystem), rechtlichen (z. B. Sicherheitsanforderungen) und technischen (z. B. Lagerhaltung) Anforderungen sind jedoch sehr hoch. Auch die Verwaltung steht aufgrund der sich regelmäßig ändernden rechtlichen Grundlagen vor großen Herausforderungen. Insofern ist „Energie" nur auf den ersten Blick ein einfaches Geschäft.

Den potenziellen Contractoren kommt zugute, dass sie sich in den Themengebieten auskennen, wenn nicht sogar ausschließlich in ihnen tätig sind. Sie verfügen hierdurch über das notwendige Know-how und haben daneben einen weiteren Vorteil: Das Synergiepotenzial bei Betrieb, Unterhaltung etc. kann nur durch oder mit ihnen ausgeschöpft

---

[26] Die Energieagentur Sachsen-Anhalt berichtet von einem Fall, bei dem eine Stadt zwar keine Finanzmittel für eine eigene Investition mehr zur Verfügung hatte, durch den Nachweis der erheblichen Wirtschaftlichkeit des Projekts genehmigten die Aufsichtsbehörden aber die zusätzliche Kreditaufnahme.

werden. So sind z. B Blockheizkraftwerde nur in größeren Stückzahlen wirtschaftlich zu betreiben.[27]

5.1.4. Sicht des Contractors

Folgt man konsequent den Argumenten verschiedener Autoren (z. B. Meixner 1999: 17) so dürften die Energieversorger keinerlei Interesse an Energiesparmaßnahmen und damit am Contracting haben. Jegliche Form des Energiesparens verringert den Absatz und den Umsatz. Darüber hinaus wirkt sich der hohe Fixkostenblock negativ aus und lässt die Stückkosten je verkaufter Einheit Energie ansteigen.

Es lassen sich jedoch zumindest drei wesentliche Beweggründe identifizieren, die die Energieversorger für das Contracting motivieren sollten. Zum einen wird über Formen des „Least-Cost Planning“[28] die sparsame Erzeugung und Verteilung der Energie betrieben. Folgeinvestitionen aufgrund steigender Nachfrage können entfallen, wenn mit dem bisherigen Output ein höherer Wirkungsgrad[29] erzielt werden kann. Nachfolgende Darstellung verdeutlicht das Prinzip, da Elektrizität zwischen 1970 und 1990 andere Formen der Endenergie, wie z. B. Heizöl ersetzt hat. Die für die Firmen lukrativste Energieversorgung setzte sich durch.

---

[27] „Selbst bei günstigen Finanzierungsbedingungen kann ein Investor eine Einzelanlage kaum wirtschaftlicher darstellen als sie ihm per Contracting angeboten wird“ (Meixner 1999:17).

[28] Das Least-Cost Planning beruht auf der Annahme, dass die Energieversorger die Verbrauchsreduktion auf der Nachfrageseite solange betreiben, wie diese Kosten unterhalb der Aufwendungen zur Energiebereitstellung liegen (vgl. Herppich 1993: 23). D. h. es kann günstiger sein Energie einzusparen, als sie zu erzeugen.

[29] „... der Wirkungsgrad ist das Verhältnis der bei der Energieumwandlung gewonnenen Energie zur der aufgewendeten Energie ...“ (Verband kommunaler Unternehmen 1988: 120).

Energie	1970-1990
Verbrauch an Primärenergie	+ 10 Indexpunkte
Verbrauch an Endenergie	+ 16 Indexpunkte
Stromabsatz	+108 Indexpunkte

Abbildung 14: Entwicklung des Energieverbrauchs 1970-1990

Ein zweiter Grund für Contracting-Modelle kann in der Kundenbindung liengen. Die mit den gesetzlichen Änderungen einher gehenden kurzen Vertragslaufzeiten lassen sich bei eher langfristigen Contracting-Verträgen besser ausgleichen. Darüber hinaus wird der Absatz über die Vertragslaufzeiten stabilisiert, was insbesondere für kleinere Energieversorger von Bedeutung sein kann, wenn sie sonst wichtige Großkunden verlieren könnten. Darüber hinaus bietet sich die Möglichkeit über Contracting-Modelle als Partner der Industrie auftreten zu können, was eine andere Form der Kundenbeziehung darstellt.

Letzter und vielleicht wichtigster Aspekt sind die unsicheren Rahmenbedingungen im Energiesektor. Die weiteren Entwicklungen sind trotz oligopoler Produzentenstrukturen vor allem für kleinere Energieversorger schwierig vorauszusehen. Gleichzeitig kann der Markt für Contracting-Modelle als noch lange nicht ausgeschöpft angesehen werden. Bis 1998 wurden in Deutschland Contracting-Maßnahmen im Wert von 5,2 Mrd. DM bei 60.000 Gebäuden realisiert. Studien gingen bis dahin von einem Potenzial von 12 Mrd. DM und 1 Mio. Gebäuden aus (vgl. Energie-Brief 1998: 85). Die Diskussion um den Energieausweis im neuen Jahrtausend verdeutlicht, wie viel Potenzial sich von der energetischen Sanierung der Gebäude versprochen wird. Contracting kann hierbei eine entscheidende Rolle in der Realisierung spielen und hierdurch als weiteres Geschäftsfeld der Unternehmen seinen Platz finden.

5.1.5. Zusammenfassung

Die Argumente für das Contracting sind vielschichtig. Die Meinung der Autoren in der Literatur wird oftmals von ihrer organisatorischen Verankerung beeinflusst. So stehen natürlich aus Sicht der Energieagenturen ökologische Motive im Vordergrund. Für die Versorgungswirtschaft zählen in erster Linie ökonomische Aspekte. Löst man sich von diesen Perspektiven verbleiben ganz offensichtliche Argumente, die für das Contracting sprechen und daher diese, Abschnitt beschließen sollen:

- Contracting ist eine (Ersatz-) Lösung für Projekte, bei denen die Normallösung nicht realisierbar ist oder nachteilig wäre.
- Durch Contracting kann die Gesamtmaßnahme für den Nutzer in der Regel nicht sehr viel wirtschaftlicher, aber überschaubarer, risikoloser bzw. erst realisierbar werden.
- Contracting ist keine Einzelaktion, sondern ein koordiniertes und komplexes Gemeinschaftsprodukt aus Technik, Betriebswirtschaft und Finanzwesen (vgl. Voigt o. J., S: o. A.).

5.2. Problembereiche des Contracting

Im Zusammenhang mit Contracting-Projekten ergeben sich häufig typische Herausforderungen. Sie sind im Wesentlichen durch die Methodik selbst begründet und bedürfen, in Abhängigkeit vom konkreten Projekt, einer genauen Prüfung vor Vertragsabschluss zwischen Contracting-Geber und Contracting-Nehmer. Ein typisches Problem im Rahmen der Vertragsgestaltung ist wiederkehrend die Frage nach dem

Eigentum. Aus diesem Grund wird hierauf nachfolgend besonders eingegangen.

5.2.1. Besicherung und Übertragung des Eigentums

Die herausfordernde Fragestellung zur Eigentumsübertragung ist im Kern dadurch begründet, dass Contracting-Projekte gebäuderelevante Bestandteile umfassen. Denn Einrichtungen wie Heizungs- oder Beleuchtungsanlagen, die der Benutzung des Gebäudes dienen, sind rechtlich gesehen wesentlicher Bestandteil des Gebäudes selbst (vgl. Coenenberg 1997: 112). Da der Contractor in der Regel nicht Eigentümer des Gebäudes ist, kann dieser zunächst nicht die von ihm finanzierte Anlage bilanzieren. An die Frage der Bilanzierung schließen sich Fragen zu den Abschreibungen und zur Besicherung der Anlagen bzw. zur bereit gestellten Investitionssumme an.

Das Augenmerk des Contracting-Gebers liegt auf größtmöglicher Besicherung des eingesetzten Kapitals und höchstmöglichen Abschreibungen, um diese - soweit das Vermögen bilanzierbar ist - als Aufwand und damit gewinnmindernd in ansetzen zu können. Diese Beträge tangieren die Contracting-Rate ggf. nicht unerheblich.

Die Frage der Abschreibungen kann insofern beantwortet werden, als dass im Fall des Contracting von der besonderen Regelung zum „wirtschaftlichen Eigentum" ausgegangen werden kann (vgl. § 39 AO). Die Zugehörigkeit von Vermögensgegenständen wird hierbei nach wirtschaftlichen und nicht nach juristischen Gesichtspunkten beurteilt. Voraussetzung hierfür ist, dass der Kaufmann die Gegenstände wie eigene nutzen darf und für den möglichen Verlust auch selbst haftet (vgl. Coenenberg 1997: 75).

Zur Besicherung der vorfinanzierten Einrichtungen wird ein Eigentumsvorbehalt (vgl. Hessische Energieagentur 1998: 17) oder eine im Grundbuch eingetragene „beschränkt persönliche Dienstbarkeit“ (vgl. Energieagentur Sachsen-Anhalt 1998: 30) zugunsten des Contractors realisiert. Sicherstes Mittel wäre der Eintrag einer Grundschuld in Höhe der Investition. Trotz einer Grundschuld besteht keine Garantie, im Insolvenzfall die geleistete Investition in voller Höhe zurückzuerhalten. Bei öffentlichen Contracting-Nehmern kommt hinzu, dass sie bestrebt sind, eine private Besicherung auf öffentliches Eigentum immer auszuschließen (vgl. Kommunalconsult et al. 1998: 35). Neben dieser grundsätzlichen Problematik, ob der private Sektor auf diesem Wege Eigentum der öffentlichen Hand erlangen kann, ergeben sich weitere Aspekte. Da Contracting keine Finanzierungsmittel im Sinne eines Kredits oder zur Aufbesserung der Liquidität darstellt ist unabhängig davon, ob es sich um einen öffentlichen oder privaten Contracting-Nehmer handelt, sind Contracting-Projekte ohnehin nur für Partner geeignet, die über eine adäquate Bonität verfügen. Dies wird allein schon durch meist langen Vertragslaufzeiten notwendig. Somit wird aus Sicht einen öffentlichen Contracting-Nehmers eine Besicherung durch den Contractor überflüssig, da es sich um die öffentliche Hand handelt, deren Existenz und Zahlungsfähigkeit als am ehesten gesichert erscheinen kann.

Bezogen auf den in dieser Arbeit zu untersuchenden Fall der Ausschreibung zur energetischen Sanierung Goslarer Schulen, stellt sich die Frage nicht. Die Stadt Goslar ist über die Stadtwerke mittelbar mit 60% an dem Energieversorgungsunternehmen (hier: potenzieller Contractor) beteiligt. Eine Besicherung erscheint daher überflüssig.

Erheblich schwieriger gestaltet sich diese Fragestellung bei einem privatrechtlichen Contracting-Nehmer. Der Eintrag einer Grundschuld ist hier durchaus eine Option. Greift das Unternehmen auf ein Contracting-Modell zurück, da es z. B. die eigenen Finanzmittel anders investieren möchte, so werden Sicherheiten erforderlich. Ob eine Grundschuld im konkreten Einzelfall die geeignete Lösung ist, hängt von vielen Faktoren ab und nicht zu letzt von der Bonität des Contracting-Nehmers. Eine Grundschuld kann bei schlechter Bonität wenig wert sein.

Wichtig ist für die Vertragspartner ebenfalls, dass die rechtlichen Rahmenbedingungen eingehalten werden. Ggf. anderslautende privatrechtliche Abreden haben meist im Konfliktfall vor Gericht keinen Bestand. Gleichwohl findet man hierzu Negativbeispiele in der Praxis:

- „Das Eigentum der vom Auftraggeber installierten Sachen verbleibt unbeschadet der Vorschriften des BGB bei diesem. Der Auftraggeber verwahrt das Eigentum unentgeltlich."
- „Eigentümer aller neu gebauten Anlagen zur Bereitstellung der Versorgung ist der Auftragnehmer. Die neu erbauten Anlagen werden nur für die Vertragsdauer mit dem Grundstück/Gebäude verbunden, durch Eigentumsmarken begrenzt und sind kein Bestandteil des Grundstücks gem. § 95 BGB."
- „Heizflächen/Radiatoren sowie Wärmeverteilungsanlagen dienen dem wirtschaftlichen Zweck der kosteneffizienten Wärmeversorgung und sind daher Zubehör der Heizstation (§97 BGB). Dieses Zubehör steht im Eigentum des Auftragnehmers und wird nur für einen vorübergehenden Zweck mit dem Grundstück/Gebäude verbunden. Es wird nicht Bestandteil des Grundstücks wie die Gebäude (§95 BGB) und geht nicht in das

Eigentum des Grundstückeigentümers über" (vgl. Kommunalconsult et al. 1998: 35).

Die meisten Normen des Sachenrechts (erstes Buch, zweiter Abschnitt BGB, §§90 ff) sind zum zwingenden und nicht zum dispositiven Recht zu zählen (vgl. Köhler 1996: 17). Die beispielhaft aufgeführten Passagen aus Vertragswerken wären im Streitfall daher obsolet, sie sind „contra legem", d. h. gegen den Gesetzeswortlaut (vgl. Buchhenss 1998: 314).

Auch der im letzten Beispiel dargestellte Versuch, die Contracting-Gegenstände als „Zubehör" zu deklarieren, ist zum Scheitern verurteilt. Denn Zubehör muss sich problemlos und ohne Beeinträchtigung auf die Eigenschaften des Hauptgegenstandes von der Sache lösen lassen (vgl. Köhler: 103 ff).

Wie bereits angedeutet, führen die Formulierungen in den Verträgen zunächst einmal zu keinen konkreten Problemen. Gleichwohl verlangen gerade die in der Regel langen Vertragslaufzeiten stabile vertragliche Grundlagen. Dies gilt sowohl für private, wie auch für öffentliche Partnerschaften. Bei privaten Partnerschaften können wirtschaftliche oder strategische Zwänge schnell zu einem Umdenken während der Vertragslaufzeit führen. Ähnliches gilt für die öffentlichen Partnerschaften, die vom (wechselnden) politischen Meinungsbild beeinflusst werden.

In Anlehnung an die oben gemachten Ausführungen bleibt zu konstatieren, dass ein wirklicher Eigentumsschutz bis zur vollen Begleichung aller Contracting-Raten bzw. bis zum Ende der Vertragslaufzeit eigentlich nicht gegeben ist. Erschwerend kommt hinzu, dass ein geschädigter Contracting-Geber selbst bei besicherten Eigentum im Insolvenzfall kaum etwas davon hätte. Viele Contracting-

Einbauten sind anderweitig kaum zu verwerten (z. B. Heizkörper, Fenster) oder kaum wirtschaftlich aus dem Gebäude zu entfernen (z. B. Heizkessel). Aus diesem Grund bietet sich folgendes Vorgehen an:

1. Eine intensive Bonitätsprüfung ist zunächst Ausgangspunkt weitere Überlegungen. Fällt diese positiv aus und sind entsprechende Einsparpotenziale identifiziert, können die vertraglichen Regelungen fixiert werden. Diese umfassen die entsprechenden Vergütungen sowie Rechte und Pflichten der Vertragsparteien in Übereinstimmung mit den Regelungen des BGB.
2. Nun kann mit der Realisierung des Projekts begonnen werden. Sind diese Arbeiten abgeschlossen, stellt der Contractor dem Contracting-Nehmer über die gesamten Aufwendungen eine Rechnung aus. Über eine im Contracting-Vertrag fixierte Klausel wird die Rechnung über die Contracting-Rate beglichen. Hierdurch geht der Contracting-Nehmer ein Schuldverhältnis gem. §§241 ff BGB über die entstehenden Aufwendungen ein. Dies ist so bei vielen Vertragsverhältnissen sonst nicht der Fall.
3. Sollte es wider erwarten zu Differenzen während der Vertragslaufzeit kommen, so bleibt der Contracting-Nehmer dem Contracting-Geber verpflichtet. Dies ist zunächst unabhängig von der konkreten Sachlage. Der Contracting-Nehmer „schuldet" dem Contractor den noch nicht über die Contracting-Rate beglichenen Restaufwand der Baukosten bzw. Erstinvestition.

5.2.2. Weitere spezifische Herausforderungen

Eine weitere spezifische Herausforderung ergibt sich für Contracting-Modelle aus dem Nutzerverhalten. Das Nutzerverhalten bestimmt maßgeblich den Verbrauch und wird u. a. von den

Witterungsbedingungen beeinflusst. Es zeigt sich bei realisierten Contracting-Maßnahmen, dass die (neue) Raumtemperatur zu Klagen seitens der Nutzer führt (vgl. Leutgöb et al. 1998: 25). Auch die Realisierung des neuesten Standes der Technik kann nur dann zu den kalkulierten Einsparungen führen, wenn diese auch vollständig ausgereizt wird. Hierbei wird deutlich, dass Contracting keine isolierte Modernisierungsmaßnahme ist, sondern ein komplexes Dienstleistungspaket. Die aktuelle und perspektivische Nutzung des Gebäudes gilt es daher zu berücksichtigen, um das Projekt zum Erfolg führen zu können.

Eine zweite Herausforderung stellen zusätzliche Renovierungsaufwendungen dar. Insbesondere öffentliche Gebäude befinden sich oftmals in einem desolaten Zustand, da aufgrund der Knappheit der Finanzmittel über einen längeren Zeitraum nicht mehr investiert wurde. Eine Trennung von Renovierung und Investition mittels Contracting macht aus baulichen Gründen aber keinen Sinn. Über die energetischen Einsparungen lassen sich jedoch regelmäßig kaum die Zusatzkosten für Renovierungen bestreiten[30]. Im Referenzprojekt zu dieser Arbeit, dem Contracting-Projekt zur energetischen Sanierung Goslarer Schulen, ergab sich eine Verdoppelung der Contracting-Rate aufgrund des Sanierungsbedarfes. Diese Zusatzkosten hätten vom Eigentümer früher oder später ohnehin getragen werden müssen und sollten in einem Contracting-Modell auch separat erkennbar sein. Dies dient zum einen einer besseren Kalkulation der Projekte und stellt zum anderen sicher, dass ein Contracting-Projekt nicht aufgrund von Renovierungsarbeiten fälschlicherweise unwirtschaftlich erscheint.

[30] Bei einem sehr hohen Einsparpotenzial können unter Umständen auch die Renovierungsarbeiten amortisiert werden. Die Polizeidirektion Magdeburg sparte nach Aussagen der Energieagentur Sachsen-Anhalt durch ein Contracting-Projekt z. B. sechs Stellen ein, die bisher mit der Bewirtschaftung des Gebäudes betraut waren.

Ein weiterer Aspekt, der sich als Hindernis eines Contracting-Projekts ergibt, sind die oft nicht unerheblichen Transaktionskosten in der Anbahnungsphase. Grund hierfür sind meist nur geringe Erfahrungswerte bei der Ermittlung der tatsächlichen Einsparungen und die Komplexität der spezifischen Gebäudeeigenschaften. Vor Vertragsabschluss entsteht Aufwand, der bestritten werden muss. Gleichzeitig ist aber unsicher, ob es zu einem Contracting-Projekt wirklich kommt, um hierüber die Aufwende ggf. bestreiten zu können. In der Praxis wird vom potenziellen Contractor versucht, zumindest einen Teil der Kosten auf den potenziellen Contracting-Nehmer abzuwälzen. Hierbei kommt es regelmäßig zu Meinungsverschiedenheiten zwischen den möglichen Vertragsparteien (vgl. z. B. Goslarsche Zeitung 1998: 14). Eine verbindliche Regel für die Transaktionskostenverantwortung existiert nicht. Hier besteht insbesondere hinsichtlich der Contracting-Geber Nachholbedarf. Eine standardisierte „Vor-Studie“ z. B. kostenfrei oder zu einem festen Preis könnte Sicherheit auf beiden Seiten schaffen und Konflikte vermeiden.

Eine weitere Herausforderung stellen die Bedingungen bei Wärmelieferungsverträgen dar. Nach §32 Abs. 1 der Verordnung über Allgemeine Bedingungen für die Versorgung mit Fernwärme (AVBFernwärmeV) sind Laufzeiten von höchstens zehn Jahren bei Nicht-Industrieunternehmen nach §1 Abs. 2 gestattet. Unter der Voraussetzung, dass eine Anlage einem Dritten gehört bzw. die Betriebsführung durch diesen erfolgt, sieht der Bundesgerichtshof Energielieferungsverträge bzw. Contracting-Verträge in diesem Zusammenhang als der AVBFernwärmeV unterliegend an (vgl. Weise 1994: 36). Diese Rahmenbedingung ist bei entsprechenden Projektkonstellationen zu beachten.

Die Zusammenarbeit mit einem öffentlichen Contracting-Nehmer kann zudem besonders herausfordernd sein. Dies ist zum einen darin begründet, dass oftmals valide Daten für Aufwandskalkulationen oder Einsparpotenziale nicht vorhanden sind. Die technischen Daten lassen sich in der Regel noch mittels Eigen- oder Fremdanalyse einigermaßen gut bestimmen. Für weitere kalkulatorische Bestandteile fehlt dagegen oftmals die entsprechende Grundlage. So existieren beispielsweise keine verlässlichen Daten über Personalaufwendungen für die Bewirtschaftung der Gebäude, hierbei handelt es sich um das sogenannte „Eh-da-Kosten"-Phänomen[31]. Selbst bei dem bereits angeführten Projekt „NESSI" kam es nach Auskunft der Verantwortlichen nicht zu einer Berücksichtigung kalkulatorischer Bestandteile. Die Ermittlung der Opportunitätskosten wird somit deutlich erschwert, wenn nicht gar unmöglich. Die Validität der Vorteilhaftigkeit eines Contracting-Projektes wird somit verringert, mit allen negativen Konsequenzen für beide Contracting-Partner.

Weiter Praxisprobleme ergeben sich aus Blockadehaltungen. Hochbauämter neigen dazu, Contracting-Modelle zu bremsen, wenn nicht gar zu verhindern, da die eigene Existenzberechtigung in Frage gestellt werden könnte. Durch die Beauftragung eines Contractors könnten einige Arbeiten des Amtes überflüssig werden. Des Weiteren sind manchen Entscheidungsträgern Contracting-Modelle suspekt. Dies ist darin begründet, dass ohne Auseinandersetzung mit der Thematik die Nutzenpotenziale schwer zu vermitteln sind. Hinzu kommen in der Öffentlichkeit Vermischungen mit Methoden des „Sale and lease-back", die besonders kritisch beäugt werden, weil hierbei (öffentliches)

[31] Es entstehen auch Personalkosten bei Einsatz des Personals für spezifische Tätigkeiten, obgleich diese nicht unmittelbar haushaltswirksam werden (vgl. Online-Verwaltungslexikon unter http://www.olev.de/p.htm).

Vermögen veräußert wird. Es hängt also - trotz ggf. allen wirtschaftlichen Potenzialen - alles von den relevanten Entscheidungsträgern ab.

5.3. Contracting aus deutscher Perspektive

Als das Contracting in den Vereinigten Staaten aufkam, handelte es sich primär um eine neue, besondere Form des Outsourcing. Es ging um die konkrete Ausgliederung von Energieanlagen. Die Motivation, vor allem öffentlicher Auftraggeber in Deutschland, ist eine andere. Hier fungieren Contracting-Modelle oftmals als (letztes) Mittel zur Realisierung sinnvoller, aber anderweitig nicht mehr finanzierbarer Projekte. Es stellt sich also die Frage, ob ausgerechnet Contracting-Modelle die Finanzlage der Kommunen „retten" können. Die Frage kann einfach beantwortet werden: Sie können es sicher nicht, da sie nur in einem überschaubaren Umfang zur Einsparung von Finanzmitteln beitragen. Die Dimension der finanziellen Schieflage hatte bereits Mitte der 1970er-Jahre in den besonders betroffenen Kommunen und Gemeinden vereinzelt „... ein Ausmaß erreicht, das die dauerhafte Schuldendienstfähigkeit teilweise in Frage stellt" (Budäus 1978: 24). Die Situation, insbesondere deutscher Großstädte, kann auch zu Beginn der 1990er Jahre grundsätzlich als dramatisch schlecht charakterisiert werden (vgl. Fiedler 1996: 113). Und auch nach der Jahrtausendwende ergibt sich für nahezu alle Gemeinden das Erfordernis der Haushaltskonsolidierung (vgl. Hesse/Ellwein 2004: 89).

Die Gründe für die negative Entwicklung der öffentlichen Finanzen sind vielfältig. Die Aufgaben der öffentlichen Hand sind über die letzten Jahrzehnte aufgrund der Entwicklung des Wohlfahrtsstaates stetig angestiegen. Dessen Aufgaben können nur bei entsprechenden Rahmenbedingungen, z. B. Vollbeschäftigung, Wirtschafts-wachstum schuldenfrei erfüllt werden, was schon lange nicht mehr der Fall ist. Neue Finanzierungsmodelle sind in solchen Situationen sicher legitim - vor allem für die Kommunen, da sie die Rahmenbedingungen, d. h. vor allem die Bundes- und Landesgesetze kaum beeinflussen können. Das Grundproblem ist bis heute nicht behoben worden. Es bedarf also grundsätzlicher, struktureller Veränderungen in Deutschland, die in konjunkturell guten Zeiten nicht auf der politischen Agenda stehen. In konjunkturell schlechten Zeiten wird gerade vom Staat ein stärkeres Engagement gefordert.

Eine weiterer negativer Aspekt sind die Eigenschaften des kameralen Rechnungswesens des öffentlichen Sektors. Es unterstützt kein (Betriebs-) wirtschaftliches Handeln. Allgemein bekannt ist das sogenannte „Dezemberfieber", also die Verausgabung von Mitteln zur Sicherstellung der Budgetbereitstellung auch im folgenden Jahr. Auf diesem Gebiet hat sich in den letzten Jahren viel verändert. Einige Bundesländer führen verpflichtend ein kaufmännisches Rechnungswesen ein. Gleichwohl bedarf es entsprechender Anreize zum wirtschaftlichen Handeln, die in der Privatwirtschaft z. B. oftmals über Zielvereinbarungen gesetzt werden. Diese Form des Handelns steckt im öffentlichen Sektor nicht nur noch in den Kinderschuhen, sie wirft aufgrund der besonderen Besoldungs- und Vergütungsregelungen unmittelbar rechtliche Fragestellungen auf.

Zusammenfassend kann konstatiert werden, dass das Contracting kein Instrument zur Rettung der öffentlichen Finanzen sein kann. Gleichwohl kann es einen wichtigen Beitrag zum Umweltschutz leisten und Potenziale heben, die ohne die Methodik nicht gehoben werden könnten.

5.4. Beachtung unterschiedlicher Interessenlagen

Das Thema Contracting birgt im Besonderen das Risiko in sich, als Argumentationshilfe für unterschiedliche Interessen dienen zu müssen. In der Praxis ist zu beobachten, dass es z. B. Umweltschützern vorwiegend um die Energieeinsparung geht, dem Kämmerer um die Kosteneinsparung, dem Energieversorger um die Sicherung seiner Marktmacht etc. Dies kommt, wie bereits in den vorigen Abschnitten bereits angedeutet, auch in der verfügbaren Literatur zum Ausdruck, die kritisch in Bezug auf die Herkunft des Autors zu hinterfragen ist. Nachfolgend sind hierzu einige Überlegungen dargestellt.

Meixner spricht unter der Überschrift „... die volkswirtschaftlich ´richtige´ Sichtweise ...“ im Zusammenhang mit dem Preissystem der Energieversorger von einer „... monopolistisch verzerrten Preisstruktur ...“, die Eigenerzeugung und Stromeinsparungen unattraktiv werden lassen. Den unbestritten hohen Fixkostenblock der Energieversorger hält er für nicht für hinreichend als Grund für ein solches Preissystem (vgl. Meixner 1999: 22 ff).

Es ist sicher unbestritten, dass bis zu den Änderungen am Energiewirtschaftsgesetz am Ende des letzten Jahrhunderts monopolistische Strukturen mit all ihren negativen Auswirkungen den Markt bestimmt haben. Aber selbst nach zehn Jahren ergeben sich Zweifel, ob die liberalisierten Strukturen wirklich zu einem Nutzen für die Verbraucher geführt haben. Darüber hinaus war es nicht so, dass vor der Liberalisierung des Strommarktes die Unternehmen „irgendeinen“ Preis in ihrem Gebietsmonopol verlangen konnten. Die Preisgestaltung unterlag der Aufsicht der Landesumweltministerien und basierte auf einem von ihnen herausgegebenen Kriterienkatalog. Eventuelle

Kritikpunkte wären also vor allem auf politischer und nicht auf unternehmerischer Ebene angebracht gewesen.

Meixner beklagt weiter, dass die Energieversorger Maßnahmen der am Markt auftretenden Contractoren zur Kraft-Wärme-Kopplung[32] behindern würden (ebd.: 24). Ein repräsentativer Überblick zur Wirtschaftlichkeit solcher Maßnahmen fehlt zwar, aus kommunaler Sicht bleib aber anzumerken, dass z. B. im Goslarer Stadtgebiet verschiedene Blockheizkraftwerke arbeiten, der überwiegende Teil von Ihnen ist unwirtschaftlich. Das Hauptproblem ist hierbei die überschüssige Wärme, die im Sommer nicht benötigt wird.

Aus Sicht des Umweltschutzes sind Blockheizkraftwerke zu präferieren. Ihr Wirkungsgrad ist generell höher und damit die Umweltbelastung geringer. Dies sind objektive Faktoren, die für diese Art der Energiegewinnung und Energiebereitstellung sprechen. Wie aber bei vielen Maßnahmen im energetischen Bereich muss auch hier die Gesamtbilanz beachtet werden. Existiert z. B. bereits ein Leitungsnetz, so entstünden mit der Inbetriebnahme eines Blockheizkraftwerkes Doppelaufwendungen.

Die Energieversorger sind indifferent bei Energiesparmaßnahmen, einige haben von Beginn an den Wettbewerb auf dem Energiemarkt behindert (vgl. Sauga 1998a: 175-177 und 1998b: 260). Die Energie Baden-Württemberg AG speiste zu Beginn der Liberalisierung zwar Strom in fremde Netze ein, um neue Kunden bedienen und gewinnen zu können. Ihr eigenes Netz stellte sie für Durchleitungen jedoch nicht zur Verfügung. Ähnlich verhielt sich die damals Städtische Berliner Bewag

32 Unter Kraft-Wärme-Kopplung versteht man die gleichzeitige Erzeugung von elektrischer Energie und (Fern-)Wärme (vgl. Verband kommunaler Unternehmen 1988: 70). So sind über Blockheizkraftwerke beispielsweise Insellösungen für einzelne Stadtteile oder Objekte möglich.

AG. Sie verwies auf die technischen Besonderheiten Berlins, die keine Durchleitung ermöglichen würde.

Im Zusammenhang mit Contracting-Projekten empfahl die Vereinigung Deutscher Elektrizitätswerke in einer Publikation, den drohenden Umsatzverlust durch den geringeren Bezug des Contracting-Nehmers in der Kalkulation des Projekts zu berücksichtigen (vgl. Vereinigung Deutscher Elektrizitätswerke 1994b: 8). Dies kommt der Bestrafung des Contracting-Nehmers gleich, gefährdet die Wirtschaftlichkeit des Gesamtprojekts und ist ggf. auch nicht mit der gesetzlichen Forderung nach rationeller und preisgünstiger Energieverwendung (vgl. § 1 EnWG) vereinbar.

Lobbyismus ist in der Energiewirtschaft weit verbreitet. Bedenklich sind in diesem Zusammenhang schlagzeilenträchtige, immer wieder der Presse zu entnehmende Verquickungen. So veröffentlichte die Deutsche Energie-Agentur, eine unmittelbare Tochter des Wirtschaftsministeriums, eine mehr als umstrittene Studie, die eine mangelnde Stromversorgung ab dem Jahr 2013 prognostizierte. Sie war offensichtlich industriefreundlich formuliert. Der Vorsitzende der Energie-Agentur wechselte wenige Wochen später zum Energiekonzern RWE (vgl. Süddeutsche Zeitung 2009: 18).

Die vorangegangen Ausführungen geben einen kurzen Überblick über die unterschiedlichen Interessenlagen. Ohne einen wirtschaftlichen Vorteil erzielen zu können, wird sich kein Contractor finden. Die Kostendeckung und eine angemessene Verzinsung sind folglich notwendige Bestandteile des Projekts. Aus Sicht des Contracting-Nehmers kommt es vor allem darauf an, seine Nutzenpotenziale - die nicht immer nur ökonomischer Natur sein müssen - kritisch zu hinterfragen. Des Weiteren sind auch an dieser Stelle die in der Regel langen Vertragslaufzeiten zu betonen, die eine lange Geschäftsbeziehung beider Partner verheißen. Diese darf nicht von Anfang an belastet sein.

6. Referenzmodell des Contracting-Projekts

Die Kalkulation der Contracting-Rate und der Erstinvestition sind die zentralen Herausforderungen aus Sicht des Contractors. Aus diesem Grund wurde im Rahmen dieser Arbeit ein Kalkulationsschema entwickelt, welches auf das nachfolgend dargestellte Projekt angewendet wurde und weiter verwendet werden kann.

6.1. Referenzmodell und Projekt

Die (energetische) Sanierung ausgewählter Schulen der Stadt Goslar sollte im Jahr 1997 umgesetzt werden. Kommunale Finanzmittel standen kaum zur Verfügung. Eine zusätzliche Kreditaufnahme stand aufgrund der hohen Verschuldung nicht zur Disposition. Aus den genannten Gründen lag eine Contracting-Maßnahme nahe.

Neben dem Optimierungsbedarf im energetischen Bereich bestand unterschiedlichster Sanierungsbedarf an den einzelnen Gebäuden. Durch das Landesförderprogramm NESSI bestand die Möglichkeit, finanzielle Unterstützung im investiven (Heizungsanlage, Dämmung etc.) wie im nicht-investiven Bereich (Schulungen, Unterrichtsmaterialien) zu erhalten. Es ging also neben der energetischen Sanierung auch um die Vermittlung des Umweltgedankens.

Über eine Baseline der Jahre 1993-1995 waren erzielbare Mindesteinsparungen, getrennt nach Strom und Wärme, Voraussetzung für die Förderung der investiven Maßnahmen.

Art der Energie	Energiekennwert / Jahresenergieverbrauch	Erforderliche Mindesteinsparung	Förderung
Strom	>20 kWh/(m^2*a)	30%	Bis 25 DM/m^2, max. 50% der Investitionsausgaben, maximal 500.000 DM
	<20 kWh/(m^2*a)	20%	
Wärme	>150 kWh/(m^2*a)	35%	Bis 100 DM/m^2, max. 50% der Investitionsausgaben, maximal 500.000 DM
	<150 kWh/(m^2*a)	25%	

Abbildung 15: Eckdaten Förderprogramm NESSI[33]

Für den nicht-investiven Bereich standen maximal 10 DM pro Schüler zur Verfügung. Das nachfolgend verwendete Zahlenmaterial basiert auf realen Werten des Projekts.

Für die konkrete Maßnahme wurden seitens der Stadt Goslar 500.000,-- DM an Fördermitteln für den investiven und 5.000,-- DM für den nicht-investiven Bereich beantragt. Es wurden seitens der Landesregierung schließlich 268.000,-- DM für Investitionen genehmigt. Dieser Betrag wurde den potenziellen Contractoren als direkter Zuschuss in Aussicht gestellt.

Als Einsparpotenziale sind von einem Architektenbüro folgende Werte ermittelt worden:

- 36,8% bei der Heizenergie,
- 45,4% bei der Stromversorgung und
- 61,8% bei den CO^2-Emissionen.

Die erzielbaren Kosteneinsparungen waren auf 87.849,-- DM pro Jahr avisiert.

Das Gesamtkonzept zur Sanierung wurde nach mehreren Sitzungsvorlagen und Diskussionen im Stadtrat in Einzellosen

[33] Datenbasis aus: NESSI-Grundlagen, Niedersächsische Energieagentur 1997).

ausgeschrieben (vgl. Stadt Goslar 1997a). Eine direkte Vergabe an die mittelbar eigene Tochter Nordharzer Kraftwerke GmbH wäre nur dann möglich gewesen, wenn sie als Eigen- oder Regiebetrieb firmiert hätte (vgl. Baur et al. 1998: 83).

Die Anzahl der Einzelmaßnahmen wurde für die Ausschreibung von 14 auf zwei reduziert, um die Komplexität zu verringern. Begründet war die hohe Anzahl an Maßnahmen im immensen Renovierungsbedarf. Ziel war eine „Vermischung" von Renovierung und energetischer Sanierung, um die Stadt vollständig von Ausgaben zu befreien.

Die ursprünglich beabsichtigte Finanzierung über ein Nutzungs-Contracting-Modell wurde ebenfalls verworfen. Grund hierfür war, dass nach dem Ende der Vertragslaufzeit ein Restwert zu begleichen gewesen wäre, der die Haushaltsmittel zukünftiger Perioden belastet hätte. Hierfür fand sich keine politische Mehrheit.

Die Einzelmaßnahmen für eine Schule umfassten sechs Bereiche:

- Heizungsanlage
- Dämmung
- Fenster
- Beleuchtung

Die Gesamtkosten setzten sich in der Vorkalkulation aus den erforderlichen Investitionen und zusätzlichen Serviceleistungen (Instandhaltung und Wartung) zusammen. Die Kosten sollten über Vertragslaufzeiten von 15-25 Jahren verteilt bzw. amortisiert werden. Nach einer festen Vertragslaufzeit von 10 Jahren sollten die variablen Anteile (Serviceleistungen) erneut ausgeschrieben bzw. verhandelt werden können. Dies sollte Sicherheit für beide Vertragsparteien geben, weil eine Laufzeit von 25 Jahren unvorhersehbare Risiken nach sich gezogen hätte (z. B. Preissteigerungen).

Die Besonderheit dieser Ausschreibung lag darin, dass die Stadt Goslar die eingesparten Energiekosten nicht zum Gegenstand des Vertrages machen wollte, um selbst an den Einsparungen unmittelbar zu partizipieren. Von den Nordharzer Kraftwerken wurde ein Investitionsvolumen von 2,264 Mio. DM veranschlagt und eine Contracting-Rate von 19.865,-- DM kalkuliert. Bereits an diesen Zahlen wird deutlich, wie schwer eine Amortisation in diesem Fall möglich gewesen wäre. Naheliegender Grund hierfür waren die hohen die Renovierungsbedarfe.

Es bewarben sich zahlreiche Unternehmen um die Ausführung der Arbeiten. Neben Handwerksbetrieben, die ihr Angebot für bestimmte Einzellose abgaben, gab es zwei Bewerber, die alle Lose erfüllen wollten. Es handelte sich zum einen um die Industriebau Wernigerode GmbH und zum anderen um ein Konsortium aus den Nordharzer Kraftwerken und der Goslarer Wohnstätten GmbH.

Aufgrund der Ausschreibungsbedingungen waren die Bewerber gezwungen, „... die Arbeiten im eigenen Betrieb auszuführen ...“ (vgl. Einheitliche Verdingungsmuster (B) A, Angebotsaufforderung S. 2, Punkt 11 der Stadt Goslar 1997).[34] Da die Nordharzer Kraftwerke alle Arbeiten fremd vergeben wollten, wurde ein Partner gesucht und in der Wohnstätten GmbH gefunden, die zumindest einen Teil der Arbeiten selbst ausführen wollte.

---

[34] Grund für diese Bestimmungen ist das Gesetz zum Schutz der Mittelstandsförderung: Ein Generalunternehmer, der keine Arbeiten selbst ausführt, soll zugunsten des Mittelstandes ausgeschlossen werden (vgl. Niedersächsisches Ministerium für Wirtschaft, Technologie und Verkehr 1996: 1904).

Die Industriebau Wernigerode GmbH erhielt schließlich den Zuschlag für alle Lose. Im angeführten Einzelprojekt betrug die veranschlagte Contracting-Rate 18.007,-- DM. Sie lag damit 1.858,-- DM unter dem Angebot der Nordharzer Kraftwerke GmbH.

6.2. Analyse der gescheiterten Projektbewertung

Die nachfolgende Analyse basiert auf den verfügbaren Projektdaten. Des Weiteren wurde eine Risikoanalyse durchgeführt, um den Aufschlag auf den kalkulatorischen Zins ermitteln zu können. Die Basis für den Zins beläuft sich auf 5%. Dieser Zinssatz war zum Projektzeitpunkt der akzeptierte Wert für die Verzinsung des Eigenkapitals zur Stromversorgung durch die Bezirksregierung Braunschweig.

Die Reagibilität unterschiedlicher Kapitalwertgrößen floss ebenso in die Analyse mit ein. Die Maßnahmen für die Heizung und die Beleuchtung führten zu höheren Risikozuschlägen, was auf die Unsicherheiten bei Vorhersagen zum Unterhaltungsaufwand zurückzuführen ist. Andere Maßnahmen, wie beispielsweise die Fenster oder die Dämmung, führten hingegen zu geringen Risikoaufschlägen. Hieraus ergaben sich unterschiedliche Risikoaufschläge auf den Zinssatz.

Das Contracting-Projekt wurde auf Basis einer eigenen Nachkalkulation verifiziert. Die Ausgangsdaten sind identisch, der zu veranschlagende Zinssatz unterscheidet sich aufgrund der Risikoanalyse jedoch. Nachfolgende Abbildung stellt die Angebote der zwei wesentlichen Bieter und die eigene Analyse im Vergleich dar:

Kalkulationsbestandteile	Nordharzer Kraftwerke	Industriebau Wernigerode	Nachkalkulation
Investitionsvolumen	2.263.446,-- DM	Unbekannt	2.263.446,-- DM
Monatliche Contracting-Rate	19.865,-- DM	18.007,-- DM	22.390,-- DM
Kalkulatorische Verzinsung	6%	Unbekannt	8,00 – 8,75 %
Differenz zum günstigen Angebot	1.858,-- DM	-	4.383,-- DM

Abbildung 16: Nachkalkulation der gescheiterten Projektbewerbung

Vergleicht man die Kalkulation der Nordharzer Kraftwerke mit den Ergebnissen der Nachkalkulation, so ergeben sich deutliche Unterschiede. Die Abweichungen resultieren aus zwei wesentlichen Komponenten: aus der Höhe des veranschlagten Zinses und der Berechnung eines Risikozuschlages.

Die unterschiedlichen Zinssätze sind das Ergebnis individueller Vertragslaufzeiten der Einzelmaßnahmen. Das Risiko für einen unwirtschaftlichen Betrieb steigt mit längerer Vertragslaufzeit an, weil die Infrastruktur veraltet und die volkswirtschaftlichen Rahmenbedingungen immer unvorhersehbarer werden. In der Nachkalkulation wurde der kalkulatorische Zinssatz, inklusive des Risikozuschlages, auf die Gesamtkosten berechnet. Im Rahmen der Angebotskalkulation wurde seitens der Nordharzer Kraftwerke anders vorgegangen: Die mit 1,5% veranschlagten Instandhaltungsaufwendungen wurden jährliche pro Teilinvestition kalkuliert und ein Inflationsausgleich von 2% pro Jahr hinzuaddiert. Auf die Gesamtsumme wurde anschließend ein Risikozuschlag von 12% aufgeschlagen. Durch die Bildung des arithmetischen Mittels und durch die Division mit den zugehörigen Parametern kam man zu einem monatlichen Betrag. Um die Contracting-Rate zu ermitteln, wurde der kalkulatorische Zins hinzugerechnet. Dieser berechnete sich auf die Investitionssumme, und wurde ebenfalls auf die Monate verteilt.

Ein wesentlicher Unterschied in den Kalkulationen liegt also in der Zurechnung des Risikos. Die Nordharzer Kraftwerke berücksichtigten es nur für den Bereich der Instandhaltungsaufwendungen und nicht auf die Investition selbst. Der als knapp zu bezeichnende Zinssatz von 6% und die geringe Veranschlagung des Risikos trotz langer Laufzeiten deuten darauf hin, dass die Erstkalkulation zumindest nicht großzügig bemessen war. Gleiches zeigt die Nachkalkulation, die von einer deutlich höheren Contracting-Rate ausgeht.

Zur Ermittlung der Gründe für die unterschiedlichen Angebotskalkulationen konnte auf die internen Kalkulationen der Industriebau Wernigerode leider nicht zurück gegriffen werden. Für den Bereich der variablen monatlichen Kosten (Instandhaltung etc.), die nach zehnjähriger Vertragslaufzeit neu verhandelt hätten werden können, bietet sich kaum ein signifikanter Spielraum zur Reduktion der Contracting-Rate. Die Beträge sind zu gering, um eine deutliche Veränderung der Gesamtkalkulation erzielen zu können. Anders verhält es sich mit dem Investitionsvolumen. Die von den Nordharzer Kraftwerken veranschlagte Anschaffungsauszahlung in Höhe von 2.263.000.-- DM würde bei einer rund sechsprozentigen Verringerung (und der Beibehaltung aller anderen Parameter) die Contracting-Rate auf das Niveau der Industriebau Wernigerode drücken.

Die Nordharzer Kraftwerke berücksichtigten bei der Einholung von Angeboten potenzieller Unterauftragnehmer Handwerksbetriebe aus der Region Goslar. Als öffentliches Unternehmen, mit einer mittelbaren Beteiligung von 60% der Stadt Goslar, ist diese Vorgehensweise nur allzu verständlich. Die Berücksichtigung ausschließlich lokaler Unternehmen ist sehr wahrscheinlich ein Grund für ein höheres Gesamtinvestitionsvolumen. Zum Ende des letzten Jahrhunderts waren die Personalkosten im Landkreis Wernigerode, Sachsen-Anhalt, noch deutlich geringer als im Landkreis Goslar, Niedersachsen. Belege hierfür lassen sich in den Angeboten von Handwerksbetrieben aus Sachsen-Anhalt für Einzellose der Ausschreibung finden. Die hier angesetzten Kosten lagen teilweise deutlich unter den von den Nordharzer Kraftwerken eingeholten Angeboten.

Die Vergabe an die Industriebau Wernigerode GmbH, die keinen Handwerksbetrieb aus dem Landkreis Goslar unterbeauftragte, führte zu einer hitzigen öffentlichen Diskussion. Contracting-Projekte seien „... mittelstandsfeindlich ...“ hieß es z. B. aus den Reihen der Kreishandwerkerschaft (vgl. Goslarsche Zeitung 1997). Die Rechtmäßigkeit des Vergabeverfahrens wurde angezweifelt und das Vorgehen der Stadt generell kritisiert.

Rückfragen bei der Stadt Goslar ergaben, dass die Bauausführungen - abgesehen von den sonst auch üblichen Problemen - reibungslos verliefen. Das Projekt startete ohne Schwierigkeiten. Die Industriebau Wernigerode GmbH ist heute u. a. auf Nutzungs-Contracting und Public-Private-Partnership-Modelle mit einer großen Anzahl an Referenzen spezialisiert.

7. Fazit

Die Nordharzer Kraftwerke hatten ein großes Interesse daran, das Vergabeverfahren für sich zu entscheiden. Vor allem das operative Vorgehen und das Sammeln von Erfahrungen im Contracting-Bereich waren die Motivation hierfür.

Dem Unternehmen war es aber nicht möglich, die Kosten der Projektausführungen für die NESSI-Ausschreibung weiter zu reduzieren. Die kalkulierte Contracting-Rate war so knapp bemessen, dass z. B. der

Totalausfall einer Heizung während der Projektlaufzeit auf Kosten der Nordharzer Kraftwerke bereits zu einem negativen Deckungsbeitrag geführt hätte. Die Kalkulationen beruhten auf optimistischen Erwartungen bezüglich der Nutzungsdauern der verbauten Infrastruktur. Auch die Kalkulation der Instandhaltungsaufwendungen von jährlich 2% der Investitionssumme kann als knapp bemessen angesehen werden. Selbst der Spielraum beim Investitionsvolumen war ausgeschöpft, weil die veranschlagten 2.263.000.-- DM bereits das Resultat intensiver Nachverhandlungen waren. Ansatzpunkte zur Verringerung der Kalkulation lassen sich somit nicht identifizieren.

Das Ergebnis des Vergabeverfahrens war durch die Nordharzer Kraftwerke nicht mehr zu beeinflussen. Das wirtschaftliche Risiko wäre ansonsten zu groß geworden. Selbst bei knapper Kalkulation kann nicht auf den Rückfluss der Investition verzichtet werden. Das Unternehmen ist seinen Eigentümern verpflichtet und kann nicht jedes strategisches Risiko eingehen. Dies wird bei der Berücksichtigung der Investitionsdimensionen umso deutlicher: Die Nordharzer Kraftwerke investierten zu dieser Zeit etwa 7 Mio. DM pro Jahr. Dies hätte bei erfolgreicher Teilnahme an der Ausschreibung bedeutet, dass etwa 1/3 des jährlichen Investitionsvolumens alleine in die Contracting-Maßnahme geflossen wäre. Der Rückfluss des eingesetzten Kapitals wäre aufgrund der geringen ökonomischen Potenziale, wie bereits weiter oben skizziert, spärlich gewesen. Die Nicht-Berücksichtigung im Ausschreibungsverfahren kann also wie folgt zusammengefasst werden: Das Angebot war valide und knapp kalkuliert, unter den gegebenen Umständen hätten die Leistungen auf keinen Fall zum Preis des Wettbewerbers erbracht werden können bzw. sollen.

Im Energieversorgungsmarkt hat sich in den vergangenen Jahren viel verändert. Zunächst kam es zu einer Zentralisierung, d. h. immer mehr kommunale Eigentümer haben sich von ihren Beteiligungen - nicht zuletzt um sich finanziellen Freiraum aufgrund der angespannten Haushaltslage zu verschaffen - getrennt. Dieser Trend setzte etwa zur Jahrtausendwende ein. Zum Ende des ersten Jahrzehnts ist eher wieder ein gegenläufiger Trend zu erkennen, da die Energiepreise steigen und die Eigenerzeugung eines (stadteigenen) kommunalen Versorgers nicht nur ein lukratives Geschäfts darstellt, sondern auch Unabhängigkeit gegenüber den großen Stromproduzenten sichert.

Hatten diese Entwicklungen Einfluss auf das Contracting? Ohne es wissenschaftlich belegen zu können: Nein, sehr wahrscheinlich nicht. Das Contracting hat sich nicht in einem signifikanten Umfang durchgesetzt. Die maßgeblichen Gründe hierfür sind in den vorigen Abschnitten bereits angemerkt worden: Komplexitäten der Vertragsgestaltung, Unsicherheiten bei der Amortisation, lange Laufzeiten, bessere Investitionsalternativen. Es bleibt aber die Frage, warum sich gerade die (klamme) öffentliche Hand nicht der Methodik bedient, um notwendige Investitionen in die eigene Infrastruktur zu forcieren. Zwei wesentliche Gründe lassen sich hier sicher anführen: Zum einen liegt es an den in dieser Arbeit bereits skizzierten Fehlanreizen im öffentlichen Sektor. Trotz vieler Maßnahmen, wie z. B. verbilligter Kredite durch die KfW etc. schafft die Politik zu wenig Anreize für ein übergreifendes Energiemanagement, was, zur Ehrenrettung der Entscheidungsträger, natürlich auch auf die föderalen Strukturen der Bundesrepublik zurück zu führen ist. Auf Ebene des Bundes läuft seit 2002 ein entsprechendes Programm, das 40 Contracting-Projekte zur energetischen Sanierung von Gebäuden des Bundes umfasst.

Zum anderen bleibt die Frage, warum sich das Contracting vor Ort, in den einzelnen Kommunen, nicht wirklich durchzusetzen scheint. Die wesentlichen Gründe dürften hier in den komplexen Projekten und der regionalen Komponente liegen. Die Projekte sind nicht ohne weiteres den ehrenamtlichen Kommunalpolitikern zu vermitteln. Der regionale Aspekt spielt insofern eine Rolle, dass natürlich vorwiegend Unternehmen der Region von öffentlichen Aufträgen profitieren sollen. Nicht überall existieren überhaupt geeignete Partner oder Partner mit wettbewerbsfähigen Angeboten.

Die Perspektive ist für das Contracting genauso unsicher wie vor zehn Jahren. Damals, während der Revision der gesetzlichen Grundlagen mit dem Ziel eines besseren Wettbewerbes, bestanden große Unsicherheiten bezüglich der künftigen Geschäftsmodelle vor allem der kommunalen Energieversorgungsunternehmen. Contracting wurde zu dieser Zeit als ein mögliches und neues Geschäftsfeld - wie auch in dieser Arbeit - diskutiert. Es ist, wie bereits gezeigt, so nicht gekommen. Die Perspektiven stellen sich ähnlich dar: Steigende Energiepreise, eine klamme öffentliche Hand, die Abhängigkeit von unsicheren Zulieferern etc. sind eigentlich auch jetzt wieder gute Gründe für das Contracting. Es lassen sich aber auch Gründe dagegen anführen, wie z. B. die im Vergleich zu anderen Investitionsoptionen geringe Rendite. Die weitere Entwicklung kann also mit Spannung erwartet werden.

Literatur

Arbeitsgemeinschaft für sparsamen und umweltfreundlichen Energieverbrauch e.V. (1996)	Arbeitsgemeinschaft für sparsamen und umweltfreundlichen Energieverbrauch e.V.: Contracting in der kommunalen und industriellen Energieversorgung, Hamburg 1996
Arnold (1996)	Arnold, B.: Contracting. Geschäft für gute Rechner, in: domo 9/96, S. 41-42
Baur/Matthey (1998)	Baur, J. F./Matthey, P.: Rechtliche Anforderungen an die Vergabe von Energiespar-Contracting-Aufträgen, Baden-Baden 1998
Bechtold (1993)	Bechtold, R.: Kartellgesetz, Gesetz gegen Wettbewerbsbeschränkung, Kommentar, München 1993
Bertelmann/Braunmühl (1993)	Bertelmann, H./Braunmühl, W.: Contracting und rationelle Energienutzung, neue Betriebsform in der Energieversorgung, Wuppertaler Institut für Klima, Umwelt und Energie, Wuppertal 1993
Bogumil/Naschold (2000)	Bogumil, Jörg/Naschold, Frieder: Modernisierung des Staates - New Public Management in deutscher und internationaler Perspektive, 2. vollständig aktualisierte und stark erweiterte Auflage, Opladen 2000
Braun/Oesterle/Haller (1996)	Braun, H. P./Oesterle, E./Haller, P.: Facility-Management, Erfolg in der Immobilienbewirtschaftung, Berlin, Heidelberg 1996
Brede (2005)	Brede, H.: Grundzüge der öffentlichen Betriebswirtschaftslehre, 2., neu überarbeitete und verbesserte Auflage, München 2005
Brühl (1995)	Brühl, A.: Mein Recht auf Sozialhilfe, 12. neuberarbeitete Auflage, München 1995

Buchhenss (1998) — Buchhenss, C.: BGB Allgemeiner Teil II, München 1998

Budäus (1978) — Budäus, Dietrich: Betriebswirtschaftliche Instrumente zur Entlastung kommunaler Haushalte - Analyse der Leistungsfähigkeit ausgewählter Steuerungs- und Finanzierungsinstrumente für eine effizientere Erfüllung öffentlicher Aufgaben, Baden-Baden 1982

Bundesamt für Konjunkturfragen (1992) — Bundesamt für Konjunkturfragen: Methoden der Wirtschaftlichkeitsanalyse von Energiesystemen, Bern 1992

Bundesministerium der Finanzen (1999) — Bundesministerium der Finanzen: Bundeshaushalt, Bericht über den Entwurf des Bundeshaushalts, Bonn 1999

Bundesministerium der Verteidigung (1997) — Bundesministerium der Verteidigung: Grundgesetz (GG), Führungsstab der Streitkräfte I (Hrsg.), Köln 1997

Busse/Laßmann (1989) — Busse von Colb, W./Laßmann, G.: Betriebswirtschaftstheorie 3, Investitionstheorie, 3. Auflage, Berlin 1989

Coenenberg (1997) — Coenenberg, A. G.: Jahresabschluss und Jahresabschlussanalyse, 16. überarbeitete und erweiterte Auflage, Augsburg 1997

Cronauge (1995) — Cronauge, U.: Kommunale Unternehmen, 2. aktualisierte und erweiterte Auflage, Berlin 1995

Däumler (1993) — Däumler, K.-D.: Betriebliche Finanzwirtschaft, 6. neubearbeitete und erweiterte Auflage, Herne, Berlin 1993

Däumler (1994) — Däumler, K.-D.: Grundlagen der Investitions- und Wirtschaftlichkeitsrechnung, 8. neubearbeitete und erweiterte Auflage, Herne, Berlin 1994

Dröge (1996)	Dröge, K. (1996): Sale and lease back, Auswirkungen auf Investitionszuschüsse, Investitionszulagen und Sonderabschreibungen sowie die Konzernbilanzierung, Wernigerode 1996
Energieagentur Nordrhein-Westfalen (1997)	Energieagentur Nordrhein-Westfalen: Den Einsatz von Energieeffizienztechnologie ermöglichen. Ein Leidfaden zur Projektabwicklungsform Contracting, Wuppertal 1997
Energieagentur Sachsen-Anhalt (1998)	Energieagentur Sachsen-Anhalt: Contracting-Leitfaden für landeseigene Liegenschaften in Sachsen-Anhalt, Magdeburg 1998
Energie-Brief (1999)	Energie-Brief: Contracting besitzt ein Marktpotenzial von 12 Mrd. DM jährlich, in: Contracting. Strategisches Energiemanagement für den Wettbewerb der Zukunft, Wuppertal 1999
Energiewirtschaftsgesetz (EnWG)	Bundeministerium für Wirtschaft 1998, Drucksache 13/7274
Fiedler (1996)	Fiedler, Jobst: Verwaltungsreformprozess in einer Deutschen Großstadt, Versuch einer kritischen Evaluation des Reformprozesses in Hannover, in: Reichard, Christoph/Wollmann, Hellmut (Hrsg.): Kommunalverwaltungen irn Modernisierungsschub?, Basel, Boston, Berlin 1996, S. 113-134
Gemeindeordnung Sachsen-Anhalt (GemO LSA)	8. Ergänzung, Mai 1994
Gesetz über die Grundsätze des Haushaltsrechts des Bundes und der Länder (Haushaltsgründsätzegesetz)	Vom 19. August 1969 (BGBl. I S. 1273)

Goslarsche Zeitung (1997) Goslarsche Zeitung: Kleinbetriebe fühlen sich deutlich benachteiligt, Handwerk diskutierte mit Verwaltung und Vertretern des Stadtrates über Contracting, Goslar 13. Dezember 1997

Goslarsche Zeitung (1998) Goslarsche Zeitung: Planungsbüro soll Kosten alleine tragen, NESSI II: Beteiligung an den Planungskosten sorgt für Kritik im Finanzausschuss, Goslar 19. März 1998

Gottschalk (1995) Gottschalk, W.: Begriff des kommunalen Querverbundes, in: Püttner, G.: Der kommunale Querverbund, S. 13-18, Baden-Baden 1995

Herppich (1993) Herppich, W.: Least-Cost-Planning, Probleme und Lösungsansätze der Implementierung von Energiesparprogrammen, Köln 1993

Hesse/Ellwein (2004) Hesse, Joachim Jens/Ellwein, Thomas: Das Regierungssystem der Bundesrepublik Deutschland, Band 1, 9. vollständig neu bearbeitete Auflage, Berlin 2004

Hessische Energieagentur (1998) Hessische Energieagentur: Energie-Contracting Angebote, Chancen, Modelle und Hemmnisse, Fachtext 10.3, Wiesbaden 1998

Hessische Energieagentur (1999) Hessische Energieagentur: Energiedienstleistungen und Contracting-Angebote in Hessen, Wiesbaden 1999

Hüttenhölscher (1999) Hüttenhölscher, N.: Contracting - Ökonomie und Ökologie auf einem Nenner, in: Contracting. Strategisches Energiemanagement für den Wettbewerb der Zukunft, Wuppertal 1999

Informationszentrale der Elektrizitätswirtschaft e.V. (1999) Informationszentrale der Elektrizitätswirtschaft e.V.: Vom Wirkungsgrad der Energievernunft, Frankfurt am Main 1999

Jarass (1996)	Jarass, H. D.: Europäisches Energierecht, Schriften zum Europäischen Recht, Berlin, 1996
Kaier (1999)	Kaier, U.: Energiecontracting und Energiesparpartnerschaft - Beispiele zum Energiemanagement über Dirttfinanzierung, in: Contracting. Strategisches Energiemanagement für den Wettbewerb der Zukunft, Wuppertal 1999, S. 27-36
Köhler (1996)	Köhler, H.: BGB Allgemeiner Teil, 23. Auflage, München 1996
Kommunalconsult (1998)	Kommunalconsult: Contracting-Leitfaden für öffentliche Liegenschaften, Wiesbaden 1998
König/Vollmer (1994)	König, E./Vollmer, G.: Systematische Organisationsberatung, Grundlagen und Methoden, 3. Auflage, München 1994
Leutgöb/Freund (1998)	Leutgöb, K./Freund, R.: Einspar-Contracting für kleine und mittelgroße Gemeinden in Österreich: Ein Ratgeber (1998)
Machura (1993)	Machura, S.: Die Kontrolle öffentlicher Unternehmen, Wiesbaden 1993
Meixner (1999)	Meixner, H.: Macht Contracting Energiesparen wirtschaftlicher?, Kassel 1999
Niebisch (1996)	Niebisch, M.: Besondere Vertragsmodalitäten bei Contracting-Projekten, o. O. 1996
Niedersächsische Energieagentur (1998)	Niedersächsiche Energieagentur: Broschüre über das Förderprogramm NESSI, Hannover 1998

Niedersächsisches Ministerium für Wirtschaft, Technologie und Verkehr (1996)	Niedersächsisches Ministerium für Wirtschaft, Technologie und Verkehr: Öffentliches Auftragswesen, Vergabe von Bauleistungen unter Beachtung des Gesetzes zur Förderung kleiner und mittlerer Unternehmen, Hannover 1996
Olfert (1995)	Olfert, K.: Investition, 6. Auflage, Ludwigshafen (1995)
Regulierungsbehörden des Bundes und der Länder (2006)	Regulierungsbehörden des Bundes und der Länder: Positionspapier zu Einzelfragen der Kostenkalkulation gemäß Stromnetzentgeld-verordnung, Bonn 2006
Reichard (1987)	Reichard, Chr.: Betriebswirtschaftslehre der öffentlichen Verwaltung, 2. Auflage, Berlin-New York 1987
Rheinfeld (1999)	Rheinfeld, U.: Contracting als Wettbewerbsstrategie eines Energieversorgungsunternehmens, in: Contracting, Strategisches Energiemanagement für den Wettbwerb der Zukunft, Wuppertal 1999, S. 50-56
Roth/Schwartz (1998)	Roth, B./Schwartz, S.: Die Strompreise werden fallen, in: Focus 2/1998, S. 162-163
Sauga (1998a)	Sauga, M.: Streik der Stromer, Beim Gerangel um das neue Energiewirtschaftsgesetz bleibt der Wettbwerb auf der Strecke, in: Focus 15/1998, S. 260
Sauga (1998b)	Sauga, M.: Wettbewerb…nein danke, in: Focus 33/1998, S. 175-177
Schimikowski/Weimar (1993)	Schimikowski, P./Weimar, R.: Grundzüge des Wirtschaftsrechts, 2. völlig überarbeitete Auflage, München 1993

Schmidt-Rose (1997)	Schmidt-Rose, J. L.: Empfhelungen zur Vergabepraxis - das Thüringer Modell, in: Privatisierung kommunaler Aufgaben, Baden-Baden 1997
Stadler (1998)	Stadler, R.: Mit voller Energie, in: Focus 5/1998, S. 186-187
Stadt Goslar (1997a)	Ausschreibungsunterlagen zur Vergabe des NESSI-Projekts
Stadt Goslar (1997b)	Sitzungsvorlage 64/98 zur energetischen Sanierung Goslarer Schulen (NESSI II)
Statistisches Bundesamt (1998)	Statistik Sozialhilfe, Stand 11/1998
Stober (1996)	Stober, R.: Wirtschaftsverwaltungsrecht, 10. neubearbeitete Auflage, Stuttgart 1996
Süddeutsche Zeitung (2009)	Süddeutsche Zeitung: Ein logischer Wechsel, Ausgabe 25. Februar 2009, S. 18
Tettinger (1996)	Tettinger, P.: Recht der Energiewirtschaft, in: Schmidt, R.: Öffentliches Wirtschaftsrecht, Augsburg 1996
Thüga AG (1996)	Thüga AG: Geschäftsbericht, München 1996
Thüga AG (1998)	Thüga AG: Musterfall zum Unbundling, Rundschreiben 60/1998, München 1998
Verband der industriellen Energie- und Kraftwerkswirtschaft (1991)	Verband der industriellen Energie- und Kraftwerkswirtschaft: Contracing. Das VIK Contracting zur Finanzierung von Energieanalagen in der Industrie, VIK-Berichte, Nr. 201, November 1991
Verband kommunaler Unternehmen (1988)	Verband kommunaler Unternehmen: Wissen über Energie und Wasser, Köln 1988

Verband kommunaler Unternehmen (1997)	Verband kommunaler Unternehmen: Vergleichende Verbandsstatistik, Köln 1997
Verband kommunaler Unternehmen (o. J.)	Verband kommunaler Unternehmen: Entwurf zur bundeseinheitlichen Arbeitsanweisung zur Strompreiskalkulation
Vereinigung Deutscher Elektrizitätswerke (1994a)	Vereinigung Deutscher Elektrizitätswerke: Contracting Grundlagenpapier, Frankfurt am Main 1994
Vereinigung Deutscher Elektrizitätswerke (1994b)	Vereinigung Deutscher Elektrizitätswerke: Contracting Wirtschaftlichkeitsbeurteilung, Frankfurt am Main 1994
Vereinigung Deutscher Elektrizitätswerke (1997)	Vereinigung Deutscher Elektrizitätswerke: Strommarkt Deutschland 1996, Frankfurt am Main 1997
Verlag neue Wirtschaftsbriefe (1998a)	Verlag neue Wirtschaftsbriefe: Wichtige Wirtschaftsgesetze, 13. Auflage, Berlin 1998
Verlag neue Wirtschaftsbriefe (1998b)	Verlag neue Wirtschaftsbriefe: Wichtige Steuergesetze, 43. Auflage, Berlin 1998
Verordnung über Allgemeine Bedingungen für die Versorgung mit Fernwärme (AVBFernwV)	Vom 20. Juni 1980 (BGBl. I S. 742)
Verordnung über allgemeine Tarife für die Versorgung mit Elektrizität (Bundestarifordnung Elektrizität, BTO Elt)	Vom 30. Januar 1980 (BGBl. I S. 122)
Verordnung über allgemeine Tarife für die Versorgung mit Gas (Bundestarifordnung Gas, BTO Gas)	Vom 21. Juni 1979 (BGBl. I S. 676)
Voigt (o. J.)	Voigt, M.: Contracting, Loseblattsammlung der Niedersächsischen Energieagentur
Weber (1999)	Weber, H.: Stadtherr ohne Geld, in: Focus 10/1999, S. 54
Weise (1994)	Weise, M.: Contracting-ABC, Gestaltung von Betreibermodellen, in: Energie Spektrum, Juni 1994